现代文化创意产品设计研究

王 鹏 著

延边大学出版社

图书在版编目（CIP）数据

现代文化创意产品设计研究 / 王鹏著. -- 延吉：
延边大学出版社，2022.3
ISBN 978-7-230-02834-9

Ⅰ．①现… Ⅱ．①王… Ⅲ．①文化产品－产品设计－
研究－中国 Ⅳ．①G124

中国版本图书馆 CIP 数据核字 (2022) 第 036178 号

现代文化创意产品设计研究

著　　者：王　鹏
责任编辑：王志伟
封面设计：品集图文
出版发行：延边大学出版社
社　　址：吉林省延吉市公园路 977 号　　　邮　　编：133002
网　　址：http://www.ydcbs.com
E - m a i l：ydcbs@ydcbs.com
电　　话：0433-2732435　　　　　　　传　　真：0433-2732434
发行电话：0433-2733056　　　　　　　传　　真：0433-2732442
印　　刷：北京宝莲鸿图科技有限公司
开　　本：787 mm×1092 mm　　1/16
印　　张：11.5　　　　　　　　　　　字　　数：200 千字
版　　次：2022 年 3 月　第 1 版
印　　次：2022 年 11 月　第 1 次印刷
ISBN 978-7-230-02834-9

定　　价：68.00 元

前　言

　　文化创意产业是促进地区和国家经济高速发展的新兴产业。顺着时代的大潮，文化创意产业也蓬勃发展。本从文化创意产品的基本概念入手，纵观文化创意产品的发展历程，具体阐述了文化创意产品的设计和研究，希望对今后的文化创意产品设计提供参考。

　　中国的文化创意产业正处于蓬勃发展的探索阶段，在这个过程中也出现了一些问题，如文化创意产品缺乏平台和渠道等。还有一些文化创意相关领域的工作者们在面对最新的科研技术、最新的市场变化、最新的传播环境时没有及时跟进从而产生作品呈现滞后的情况。所以，文化创意产业的良性发展，不仅需要产品的质量创意，还需要合理的平台与渠道的支撑。

　　文化创意产品设计以文化为基础，中国上千年历史的沉淀汇聚成的文化宝库是设计者创意灵感取之不竭的源泉。纵观文化创意产业的发展历程，相信在文化创意产品的设计领域，中国将会有更为巨大的发展和探索空间。

目　　录

第一章 现代文化创意产品概述

第一节 文化创意产品的内涵与外延

文化创意产业的兴起，促进了文化创意企业的发展与繁荣，文化创意产品作为新颖的消费品也应运而生，并在全国范围内取得了迅速发展。从层次上划分，文化创意产品主要分为核心文化、外围文化、延伸文化等三类创意产品。对文化创意产品的内涵和外延进行研究具有很强的实践指导意义和理论创新价值。

文化创意产品是一种特殊的产品，主要是为了满足人们的精神需要，主要特征表现为：一是开发和利用文化资源，二是存在一定的消费人群，这些人群有意向消费文化创意产品，同时相关文化创意产品的数量也能够满足这部分人群。一般来说，文化创意产品是对文化资源的开发和利用，具有源源不断的社会价值。对文化资源的利用与人们认识资源的程度息息相关，越是深入了解文化资源，越能进一步扩大文化创意产品的营销市场。鉴于此，下面着重讨论文化创意产品的内涵与外延，希望对相关人员有所帮助。

一、文化创意产品的内涵

文化创意产品主要指的是各种有形的产品和无形的服务，以满足人们的精神需求为目的，且必须具有一定的文化背景，同时要被局限在一定的地域范围内，源自个人才情、灵感和智慧，且以产业化的方式进行生产、营销和消费。从满足人们精神需求的方面来讲，文化创意产品应当被划分为四个种类：一是核心产品，即满足人们精神需要的性质，如满足人们对审美的渴望；二是形式产品，即满足人们精神需要的实现方式，如各种各

1

样的行业；三是期望产品，即满足人们精神需要的效果，与产品营销成败有关；四是延伸产品，即提供给消费者的附带利益，如可以扩展人们的知识、提高人们的审美情趣等。

二、文化创意产品的外延

（一）从层次上分类

从产业链的上、下游关系与产品的创新程度上分析，文化创意产品有三个层次上的分类。具体地讲，第一个层次是以思想性、创新性为主的核心产品，包括新闻、出版、报业、文艺演出等，同时其原创性的特点反映了消费者精神需要的本质，在整个产品中发挥着关键性作用；第二个层次是外围产品，主要表现为对文化创意的转移，如音像、电信、旅游、娱乐等都属于此类，采用思想、文化、创意的实现方式满足消费者的精神需求；第三个层次是延伸产品，具有文化创意的非兼容性，也具有文化创意的非排他性，如园林绿化、会展、工艺品等就属于这类，特别是其非排他性体现了消费者附带获得的利益和效用，且其利益和效用也会不断地发生变化，不断创新，属于期望产品和潜在产品层次。

（二）从国别上分类

对于不同的国家而言，其文化创意产业发展的时间都不一样，甚至其发展重点、发展方式也不尽相同，这就要求各国政府都要从本国的实际情况出发，将自己的文化创意产业划分为不同的类别。要想对文化创意产品的外延有一个深入了解，对不同国家的文化创意产业进行分析，这里选择了英国、美国、日本、中国等四个国家作为典型。

第一，英国可以说是世界上最早提出"创意产业"概念的国家，把文化创意产业分为广告、建筑、设计、电影、音乐、出版等十三类，主要强调了文化创意产品以构思、设计为核心的特性，高度重视以高技术为依托的现代文化创意产业的鲜明特点。

第二，美国将文化创意产业也称为版权产业，分为四个类别，一是核心版权产业，行业外延为图书版权出版、文学创作、音乐、摄影等；二是交叉版权产业，行业外延为电视机、收音机、录音机等；三是部分版权产业，行业外延为服装、珠宝、家具、墙纸、建筑、博物馆等；四是边缘版权产业，包括大众运输服务、网络服务等，着重强调了知识产权的重要性。

第三，日本将文化创意产业划分为内容产业、休闲产业、时尚产业等，这是因为日本是全球最大的动漫制作和输出国，动漫产业在世界上占有较高的市场份额，该种发展模式符合日本自身经济发展的特点和实际情况，更为重要的是能够集中体现日本的民族文化特色。

第四，我国已经将文化创意产业划分为文化艺术、广播、影视、网络服务、广告设计服务、休闲娱乐、旅游等类别。不难想象，不管是从层次上划分，还是从国别上划分，文化创意产品的外延都有助于我国有序地推动文化创意产业的发展，让其外延文化创意产品具有明确的发展方向和目标，同时也让人们更加清楚地认识到文化创意产业内部的联系和规律。

总之，从文化创意产品的内涵上讲，必须明确其在产品整体中每一个层次的内容；而从文化创意产品外延上讲，其分类应当紧密结合地域文化背景与经济发展的实际情况，并在此基础上选择最合理的发展模式和发展目标。

第二节 文化创意产品的特征

一、独特性与超越性

世界创意产业之父、英国经济学家翰·霍金斯认为，创意可以被简单定义为"有新点子"。有四个标准来衡量一个新创意：个人的、独创的、有意义的和有用的。文化创意产品的本质追求是"破旧立新"，属于创造性产出，独特性和超越性是文化创意产品追求的重要品质。

二、教育性与公益性

文化创意产品具有双重属性，即商品属性和精神属性，决定了文化创意产品在创作和生产过程中必须追求经济效益与社会效益统一。面对市场，不得不追求经济效益，但作为文化产品又需要发挥文化对社会的服务作用，提供积极的精神导向，创造良好的社会效益。台北故宫博物院院长林曼丽女士在开发台北故宫博物院系列文化创意产品时曾言："创意文化商品是针对年轻族群所设计的，除了要让一般时下年轻人知道，原来故宫也可以和他们这么亲近之外，也希望借由这一批新的文化创意商品能够带领年轻人主动进入故宫里，进而了解故宫典藏之美。"而现代文化创意产品大多是针对年轻群体设计的，所以设计师要善于提炼文化元素并以符合年轻人审美的表现形式重组文化藏品，以新颖、独特的呈现来开启年轻人对历史与文物的兴趣。文化创意产品既是消费品也是文化教育的载体，拓宽了对大众教育的方式方法[1]。

三、民族性

一个民族生活方式和风格的特质，能够在他们所生产的各种文化商品总体中体现出来。每个民族都有他们自己特殊的历史，因此每一种生活方式都是独特的。各国的文化创意工作者都在试图提炼和创造代表本国的创意文化，以此吸引其他国家的认同，达到价值观渗透和经济获利的目的。在此背景下，文化创意产品被赋予了强烈的民族性，用以增强人们对本国文化的认同感和归属感。

四、系列性与延续性

不同于其他文化产品通常以个体形式出现，文化创意产品大多以某主题为载体并以群体或系列的形式出现在大众视野。这种呈现方式主要是因为现代文化创意产品的设计大多依附于某一地域性特色主题，如北京故宫等；或某一娱乐时尚文化（知识产权），如迪士尼等进行开发设计。由于被开发的文化本身体量庞大，文化因子繁多，无法对其

---

[1] 吴翔.产品系统设计，产品设计(2)[M].北京：中国轻工业出版社，2000.

中的内容以单一的方式呈现；又因为文化创意产品的核心是创意，而创意具有时效性，消费者的兴趣很难得以长时间保存，为了能够使文化创意产品得以利益最大化，就要求文化创意产品需要通过不断在同一主题上创造新产品留住消费者的关注和增强消费者的记忆点。因此进行文化创意产品开发必须要有对未来的考虑，缺乏前瞻性和延续性的文化创意产品是没有生命力的。

第三节 文化创意产品设计的现状

随着科学技术和经济的高速发展，人们意识到文化才是国家核心竞争力之一。只有文化资源转化成现实的竞争力，才能更好地推动社会、经济、文化发展。现代文化创意产品设计成为社会的热点，学术界已从不同角度对文化创意产品设计进行了研究。本节主要对文化创意产品设计现状进行探讨。

一、各国发展文化创意产业的相关举措

在文化产业发展过程中，各国的文化创意产业发展措施主要从三个方面展开：1.政府的支持和规范化管理。2.制定法律法规，为文化创意产业发展提供保障。3.建立行业协会和非政府组织发展文化产业并进行宣传。

英国1990年开始起草文化艺术发展战略，1997年成立文化、媒体和体育部，负责提升和推广英国创意产业。日本在1996年发表《21世纪文化立国方案》，标志着日本文化立国战略的确立。2006年9月，我国发布《国家"十一五"时期文化发展规划纲要》，首次正式提出"文化创意产业"的概念。2009年，我国颁布了第一部文化产业专项规划——《文化产业振兴规划》。我国各大城市也相继响应，如北京市的"十一五"规划纲要中提出要将"文化创意产业"发展成为其经济支柱，上海和深圳也提出了"文化立市"的发展战略等。

二、文化创意产业与文化创意产品设计的定义

文化产业最早被称为"文化工业",是启蒙辩证法中的术语。20世纪70年代,一些西方的经济学家阐述了"文化"与"产业"的联系,"文化工业"逐渐演绎为"文化产业"。联合国教科文组织将其定义为按照工业标准生产、再生产、储存以及分配文化产品和服务的一系列活动。

英国在1998年的《英国创意产业路径文件》中首次明确提出了创意产业,将其定义为:通过个体的创造力、技能和才华,利用知识产权,将文化转换为利润的产业。有的学者认为,文化创意产业通过加入创意手段来提升文化产业的附加值。如英国的尼古拉斯·加纳姆认为创意产业能够利用工业化生产模式来生产和传播文化产品。斯图亚特·坎宁安认为创意产业是对文化产业的超越。目前,世界各国根据本国的特点对文化创意产业有不同阐述,没有统一的定义。英国称为创意产业,美国称之为版权产业,日本称之为内容产业,德国、加拿大、荷兰、韩国等国则称之为文化产业。

2004年我国发布的《文化及相关产业分类》中首次规范和界定了我国的文化产业。2006年印发的《国家"十一五"时期文化发展规划纲要》中"文化创意产业"第一次在国家级重要文件中出现。在国内和国外文献或实际操作中,人们还是将创意产业与文化创意产业视为一物,概念之间也相互替换,不做详细区分。特别是在国外的文献中,提及更多的还是创意产业而不是文化创意产业。

文化创意产品设计是将文化内容创意地转化为设计元素,将现代设计的思维模式和现代的科学技术、生产方式等相结合,产生符合现代人审美与精神需求的新产品。文化创意产品不仅仅是一种商品,更是一种艺术衍生品。在文化创意产品中,文化是产品的内涵,创意产品是表达和传播文化的载体。其意义在于促进文化的传播、经济的发展以及满足消费者的精神需求。文化创意产品与普通产品的最大区别就是文化创意产品是包含文化与创意两个层面的产品。有的学者认为文化创意产品是通过创新产品设计传递文化内涵,传承文化精髓,创造文化认同。有的学者认为文化创意产品的本质是创意的生成,需要基于文化层面提出文化创意产品创意理念,并开发出经济产业链,以知识带动经济。还有的学者则认为文化创意产品是文化转换为创意后加值于产品,根据文化内涵、设计概念、配合产品特性,形成的能够创造利益的商品。

三、文化创意产品的不同分类

由于目前对文化创意产业的定义不统一，从不同角度对文化创意产品的分类也不相同，所以文化创意产品的类型丰富多样，从大都市的产业集群、高雅艺术、时尚潮流，到中小城市的特色产业、遗产传承、文化生活，再到广大乡镇和农村的民俗风情、节庆活动等等。对文化创意产品分类的研究主要集中在文化、设计和消费者需求等方面。

对文化创意产品的具体分类，目前并没有统一的标准。有的学者认为文化创意产品仍然属于产品设计的范畴，所以将文化创意产品分为艺术衍生品、动漫电影衍生品、旅游纪念产品、博物馆产品、特定主题纪念产品、传统符号文化产品。有的学者认为文化创意产品应该分为感官层文化创意产品、技艺层文化创意产品、内涵层文化创意产品。有的学者将文化创意产品设计分为原生态文创产品、手工艺文创产品、工业化文创产品、地方性文创产品、艺术衍生文创产品。有的学者将文化创意产品分为公共产品型、公共资源型、私人产品型、自然垄断型。有的学者将博物馆文化创意产品分为出版物类、复仿品类、创意纪念品类、民间工艺品类。

四、文化创意产品设计的特点

随着文化创意产业的发展步伐加快，研究者开始从不同方面对文化创意产品设计的特点进行细致的理论研究，以提升对文化创意产品设计的科学认识和驾驭能力。

（一）文化创意产品的生产特点方面

有的学者认为文化创意产品具有需求的不确定性、独特性和差异性、持久性和营利的长期性等特点。有的学者认为文化创意产品具有生产成本的复杂性、创新性、需求的不确定性、流通过程的共享性和重复利用性等特点。此外还有学者列举了文化创意产品的使用价值和价值的不确定性、应用过程的增值性和知识产权保护性等方面。

（二）文化创意产品的消费特点方面

有的学者认为文化创意产品成为现实的利益来源也就具有了消费的非排他性和排

他性并存、消费的竞争性和非竞争性并存、逐步获得产权的部分交易性、公共产权与私人产权并存的特点。有的学者认为消费者自身的个性特征尤其是设计才智不同，面对同样产品设计的识别、分类和评价产品设计的感知和反应不同。

（三）文化创意产品的艺术设计特点方面

有的学者认为文化创意产品科技含量高，在风格、基调、艺术等方面具有差异性和多样性、装饰性和娱乐性。有的学者认为文化创意产品的设计具有文化性、创新性、情感性、功能性、艺术性、可行性的特点。还有的学者从博物馆文化创意产品与消费者角度出发，认为文创产品有文化性、创新性、品牌性、宣传性、教育性的特点。

五、文化与经济价值并存的文化创意产品设计

学术界对文化创意产品的价值构成持有多种观点，主要体现在经济价值与文化价值上。从经济价值上来说，包括产品的功能性、社会的生产力、社会经济的发展等价值。文化创意产品必须使消费者愿意为某种文化属性支付费用，具有消遣性和营利性，以满足人民群众的使用需求，产生经济效益。文化价值方面包括文化的创新性、传承性以及艺术审美和人文环境等方面的价值。文化创意产品必须符合消费者的文化理解能力和文化需求，以提高消费者的思想道德和科学文化素质。

（一）经济价值

通过研究文化创意产品设计，根据其特点分析经济价值，可促进文化创意产品的消费，带动文化创意产品的发展，并直接推动经济的可持续发展。

1.促进经济增长

有的学者认为文化创意产品属于产品，应遵循一般的价值规律。文化创意产品设计能将文化资源、创意概念承载到产品设计中，转换成物质化的东西，通过售卖带来直接或间接的经济增长。

2.附加值的增加

在产品的生产过程中，通过智力劳动、生产、营销等环节对产品产生附加值，提升

产品自身的价值。有的学者认为文化、创意、知识产权三者相结合，可促使产品的附加值增加，其中知识产权制度保障文化创意产品设计的价值实现，也是国家知识产品设计发展竞争优势的重要组成部分。

3.实现产业价值，优化文化创意产业结构

文化创意产品设计的发展能优化经济结构和产业结构，拉动居民消费结构升级，为产品和服务提供加值增长，推动文化创意产品升级，从而推动经济的发展。

4.满足消费者的需求

有的学者认为将文化创意产品与人们的衣食住行相结合，融入生活的方方面面，可以减轻人们生活的压力，让生活充满趣味，提高大众的生活品位和质量。有的学者认为通过文化创意产品设计，生产者为消费者提供适应其个性需求的产品，消费者则需要用心体验文化创意产品设计中的文化内涵，从而实现文化创意产品价值。

（二）文化价值

文化创意产品设计除了需要满足产品功能上的需求，还需满足特殊的认知、审美等方面的需求。文化创意产品的文化价值是消费者积极作用于社会、创造新文化的重要途径。

1.传承文化，唤起人们的文化意识

文化创意产品设计利用创造力与产品文化附加值提高消费者的购买欲望，有利于更多人有机会了解文化内涵与文化魅力，延续文化传统，唤起人们的文化自觉意识，使消费者达到内心的自我升华。有的学者认为文化创意产品可以使用户直观而全面地认识社会生活的物质文化，了解到更深层次的制度文化、心理文化，加深他们对所处的自然环境、人文环境的理解和尊重，促进共同价值观念的形成。

2.继承并发展文化脉络

文化创意产品可以最直接、最快速地传播文化。文化创意产品流通不仅促进了商贸的发展，还带动了不同区域文化的传播。人们可以通过不同文化创意产品设计去了解不同产地文化、工艺技术水平。随着时代不断发展，不同时期的文化创意产品设计所呈现出的视觉形式与反映的社会文化形态也不同。

3.提高艺术审美

文化创意产品能够提升生活的文化品质，把握生活方式的变化，通过设计传达艺术

审美。有的学者认为消费者在体验文化创意产品的过程中会感受到设计者的主观色彩。有的学者认为文化创意产品除了要有实际的功能，还应该让用户在使用过程中获得审美价值。产品的造型要能触动消费者的内心。有的学者认为通过在创意性产品中运用文化元素，可以实现人们对民族文化人性美和艺术美的追求。

4.扩大文化影响力，塑造人文环境

文化创意产品利用全球资源信息共享平台，在坚持文化差异和文化多样性的基础上，保持本土的文化特色，消除文化误读，提高公众对文化的认知度，建立世界文化认同，扩大文化的传播力和影响力，使文化创意产品具有国际吸引力和竞争力。有的学者认为文化创意产品具有承载社会核心价值观、塑造国家形象、传输国家的意识形态、把握文化发展脉络、反映现代的审美和文化价值、建立世界文化认同等价值。

六、文化创意产品设计的措施

（一）文化创意产品设计应融入多学科，增强科学性

现阶段对文化创意产品设计的研究主要以描述性的概念分析为主，多集中在文化创意产品的定义、性质、政策等方面。但文化创意产品设计的发展涉及面十分广泛，若能从经济学、统计学、传播学、文学等多学科视角展开研究，将客观、有效地增强研究的科学性。

（二）文化创意产品设计应增加生态理念的研究，以增强与自然的和谐性

当今社会资源开发与环境保护等方面的问题突出，人们越来越关注与自然生态环境的协调。未来在文化创意产品设计中应更多地注意与生态理念、绿色设计相结合。文化创意产品设计必须是与自然环境相协调的生态化设计，将科技、人文、绿色三大理念融合，开发和推广文化创意产品，将有利于节约能源资源和保护生态环境的可持续性发展。

（三）文化创意产品设计需增强品牌的发展意识，加强可持续性

高度发达的科技和快速传播的信息使产品的技术及管理模式容易被模仿，因而在文化创意产品设计与资源开发的研究中，应加入品牌与文化创意产品的市场理论研究。以文化为核心资源，树立消费认知，构建文化专属品牌产品即文化衍生产品，形成文化品

牌，可提升文化创意产品的影响力和生命力。

（四）增强可持续化发展平台的建设

文化创意产品设计不再只是简单的外形上的创意设计，它涉及产品质量管理、审美设计、品牌塑造、服务、创新人才、创新环境与产业链等深层次的问题，包含了对各种设计、文化资源的分配与管理，以及对产品经营、营销策划等相关战略的整体规划与部署。应将教育、研究、开发、生产、销售、消费等领域有机结合，理顺整个文化产品设计开发渠道，使文化创意产品设计得到可持续化发展的机会与平台。

第四节 民族文化创意产品

内涵丰富的文化产品可使人在消费的同时提升对民族文化的认识。民族文化创意产品作为文化创意产业的形态表现和衍生产品，对民族文化的继承与发展可起到促进作用，为民族地区社会、经济、文化的和谐发展提供了新思路。

一、民族文化创意产品的特点

第一，特有性。民族文化创意产品能够把各民族特有的风土人情、文化艺术形态等表现出来，通过产品的形式体现出来，具有民族特有性。

第二，传播性。民族文化创意产品是具有流通性的，在流通的过程中把民族文化及其精神内涵传播出去。民族文化创意产品变成了民族文化呈现和流通的载体，民族文化和民族精神得以有效传播。

第三，带动性。优秀的民族文化创意产品会产生很高的关注度，通过以点带面，给区域带来一定的关注度，这些关注度往往会产生积极的影响，会带动地区相关制造业、文化产业等的共同发展，同时也能带动地区经济，提升社会影响力，体现出良好的带动性。

第四，传承性。传承性是民族文化创意产品非常重要的属性。民族文化创意产品是民族文化传承的具象表现，也是民族文化活态传承的具体表现，能够为民族物质和非物质文化遗产的传承带来新的思路和新的路径。

二、影响民族文化创意产品发展的主要因素

（一）经济价值层面

影响民族文化创意产品需求量的重要因素之一就是经济价值。随着经济的高速发展，文化创意产业也得到了快速发展。民族文化创意产品是地区的文化载体，多样性的民族特色文化产品更能吸引消费者的目光，其经济价值不可估量。民族文化创意产品带有浓郁的地域文化和民族韵味，能够提升大众对民族文化的认可，快速提升民族文化的经济价值。

（二）社会价值层面

民族文化创意产品能够提升大众对民族文化的认知水平，增强大众对民族文化的认同感，起到宣传教育的积极作用，提升民族地区的凝聚力。主要原因是民族文化创意产品蕴含艺术性，体现了民族文化的精神内涵，能够很好地宣传民族文化精神。因此民族文化创意产品的流通和销售能够体现其社会价值。

（三）文化价值层面

民族文化创意产品具有非常高的艺术价值和美学价值，在创作民族文化创意产品的过程中往往提炼并吸收了民族绘画、民族服装、民族文字和民族宗教等民族文化元素和文化内涵。它不仅仅是一种物质形式上的表现，还具有非常高的文化价值，是民族文化推广的重要载体[1]。

（四）历史价值层面

民族历史文化需要传承，民族文化创意产品是文化传承的活态表现。民族文化在历

---

[1] 财政部教科文司.深入贯彻科学发展观开创财政教科文工作新局面［M］.北京：中国财政经济出版

史演变历程中积累沉淀了许多精髓，它们有着不同的表现形式，包括特色建筑和风俗习惯等等，都是人们对历史传承的表达，是对反映各个时期经济、文化、社会等各个方面进行深入考察研究的载体，也是特定地区历史发展的见证，而民族文化创意产品将这些民族历史文化通过活态传承的方式保存下来。

（五）情感价值层面

历史在变化，时代在改变，人们的需求也在发生着改变，过去的一些产品慢慢从市场上消失，但还保留在人们的记忆中。民族文化创意产品就是要去挖掘民族文化精髓和情感记忆中的美好故事，不仅要体现实用功能，更要满足大众的情感需求和审美要求，传递出民族特色文化情感。

三、民族文化创意产品设计的构成因素

（一）产品功能

产品的功能是产品得以存在的价值基础，是满足人们需求的基本要求。每一件产品都有不同的功能，人们在使用产品时能够获得需求满足。设计人员一定要看到人们长远的社会需求，这样设计出来的产品才会带来更大的经济效益，这就是产品功能的实现。产品功能又划分为使用功能和审美功能（也可以称为精神需求功能），它利用产品的特有形态或者视觉外观来表达产品的价值取向和不同的美学特征，从而引起使用者内心情感的共鸣以满足使用者的精神需求，同时也体现出产品的实际使用价值。

（二）产品形态

产品形态是指利用美学法则设计和制造出满足顾客需求的产品外观和形态。除了要遵循美学法则，还要考虑到恰当运用材料，注意产品的结构、造型、色彩、加工工艺等，全面体现出产品的特性和最优的形态。因为产品是提供给人使用的，所以产品设计还要符合人体工学，满足人们生活和工作的需要，最终通过合理化的形态体现出来。

（三）物质技术条件

物质技术条件包括材料、结构、设备、制造工艺和生产技术等重要内容。新材料的运用改进了产品结构，使工业产品更加实用。新的加工工艺的运用，能更好地体现材料的质感。产品的造型设计需要物质技术条件的支撑才能体现出时代的科技成果和时代美感，也才能体现出产品的艺术性、科学性、时代性和先进性。

四、民族文化创意产品设计的流程和方法

（一）提炼文化内涵

产品的文化内涵有两个显著要点，即传统造型元素应用和传统生活方式的继承，包括物质生活方面，也包括社会生活方面，还包括精神生活方面，其核心部分是传统观念。民族文化创意产品在吸收传统文化的精髓后，能够找到传统与现代结合的契合点，能够使传统文化融入现代的生活中，因此提炼产品的文化内涵也是对民族文化传承的体现之一。

（二）明确设计理念

设计师在创作过程中一般要明确主导思想，确定产品的文化内涵、思想核心，赋予设计作品新的文化思想和独特的表现风格。好的设计理念能令作品更个性化，是设计的精髓所在。设计师可以通过头脑风暴的方式去提炼设计理念，发散思维，联想一切文化元素，包括客户喜好、职业特征、文化层次等特点，再对头脑风暴出来的关键词进行整理和筛选，选出有价值、有意义的创新点和创意点进行设计。

（三）思考设计载体

将设计理念或者创新点运用到合适的载体上，赋予产品内在含义。在人类发展过程中，人类对工具和材料的认知不断累积和发展，石材、木材、金属等材料都在人类发展史中起着关键作用。如今，在科技发展和社会职能属性区分下，文化创意产品在类别上形成了几个大方向：文具用品、生活用品、电子产品、文娱产品。这些文化载体十分广泛，是文化传承的突破点，将设计理念或者创新点运用到合适的载体上，能让民族文化

传承找到发展的合适平台。

（四）提炼实施设计

设计师要敢于创新和敢于尝试，通过创新、提炼、完善细节、设计效果图、制作样品、投入生产等一系列程序完成产品的生产和设计。在这个过程中，设计的作品要有独特的构思，采用市场化的视角，通过原形分解、打散再构、异形同构等设计手法进行创新，将抽象的民族文化资源提炼和概括成外形独特、色彩鲜明、工艺创新、设计风格迥异的产品，既可以满足大众多样化消费需求又能够避免落入俗套。

民族文化需要传承，民族文化创意产品需要创新和发展。我国民族文化创意产品设计和开发仍然存在诸多不足，例如对民族文化内涵了解不够深刻，加工工艺质量、科技含量不高，产品附加值较低等。将民族文化传承与创意产业有效结合，深挖民族传统文化内涵，优化产业结构，以特色文化创意产品带动产业的发展，传承民族文化，创造经济价值，是现阶段民族文化创意产品发展所要做的。

第二章 现代文化创意产品的开发设计

第一节 传统文化元素与文化创意产品设计

市场上的文化创意产品种类繁多，各具特色。从广义的角度来看，与文化有关且被某些群体所认可的创作，都可以被称为文化创意产品。狭义上则是指附带传统符号的商品。传统于现代设计而言，是一个包含关系——你中有我，我中有你。所以在现代设计中，将传统加入创作理念是很有必要的，也只有梳理好二者的关系，才能协调好传统文化元素与文化创意产品的设计关系。

一、传统文化元素的应用原则

（一）民族性原则

民族地区的文化传承一直以来都是一个值得深入探讨的问题。对文化创意产品的开发，有利于促使民族文化不再成为"私产"，是对原有封闭、落后的民族地区的一种激活；能够在一定的时间和空间范围内，改变为本民族的百姓服务的模式；有利于将原先的乡土性质进行提升，突破随民俗生活自然传习的惯性并打破时空界限，使文化创意产品被其他地区的人们所接受。作为"自用"功能的延伸，传统文化元素与文化创意产品的结合，是民族文化在"他用"中的体现，推动文化的传播，能够消除对民族地区原有认知上的"神秘感"，也孕育出文化内部新的动力和融合。文化创意产业的发展对民族地区的文化传承具有极大的推动作用，也为原有的自然发展路径提供一种新的渠道，民族地区的"物质产物"不再是孤立的，为服务小群体而存在的，而是以一种产业化、商品化的表现形式展示出来。而传统文化元素是伴随着文化创意产品的发展而发展，二者属于伴生关系，相辅相成。融入具有特色的传统文化元素已经成为文化创意产品设计的灵魂与核心，其独特的性质与功能，也符合现代文化创意产品的设计理念。

（二）认知性原则

"和谐共生"等思想体现了生命与自然之间的共性，共性的特点贯穿文化创意产品设计的始终。传统文化元素要经过选用、提取、再造、组合等步骤才能应用于文化创意产品上，这个过程的前提是对传统文化元素本身进行认知和对文化内涵进行分辨。而这个认知关系也构成了功能与形式二者之间的平衡，二者之间的强弱关系也会影响人们对文化创意产品的不同审美需求。

（三）审美与指示原则

1.指示功能

传统文化元素在文化创意产品设计中起到了重要的作用，因为在使用传统文化元素的过程中势必会传递某种信息和寓意。在一定程度上，传统文化元素是文化创意产品的附属品。设计师将传统文化元素应用于文化创意产品中不仅仅要传递元素的信息和寓意，而且要用这种"隐喻、象征"的艺术手法来加强产品产品之间的联系。元素之所以能传递寓意，是因为文化创意产品本身就是一个文化符号系统，是具有表现等功能的综合系统。

2.审美情感功能

"一种艺术品的根本性质是有意味的形式。"传统文化元素作用于文化创意产品的设计中，就是一种有"意味"的设计方式，这种方式在某种程度上满足了受众的心理需求，还满足了其情感需求[1]。另外，传统文化元素中的审美情感功能和艺术审美在某种程度上又是一样的，能够影响人的情绪，让人产生美的享受与感动。

---

[1] 张子康.文化造城：当代博物馆与文化创意产业及城市发展[M].桂林：广西师范大学出版社，2011.

二、传统文化元素在应用过程中所面临的问题

（一）"文"与"创"的不平衡

文化创意产品的种类多，表现形式也多种多样。有些文化创意产品中仅应用了"文"的含义，载体中也在"文"这个特点上做"文章"，将各种类型的元素糅杂在一起，随意排布。这种表现形式从表面来看虽无瑕疵，但仔细分析就会发现，"文"堆积过多的文化创意产品与"文""创"均衡的产品相比，相差万里。仅有"创"的产品亦是如此。

（二）"形"与"意"的不均等

传统文化元素在应用的过程中是为了吸收"形"，借助产品的外观来表达"意"。只注重"形"而忽视"意"，或对"意"凭空想象而胡乱表达的产品也是不合理的。只重寓意的文化创意产品是没有支撑点的，现在所流行的部分产品中，重寓意而轻形式的不在少数，一部分人只是单一理解产品中所表达的寓意，而放弃了对传统元素形式的追求。在对某一传统元素进行元素提取时，应该考虑它背后的故事，如文化禁忌、文化搭配等。

三、解决的方式

当今的社会环境为传统文化元素与文化创意产品的结合开辟出一块新的土壤，可以让传统文化元素在文化创意产品的设计中寻找出一条新的路径，从而复兴优秀的传统文化。

（一）传统元素的再造

我国具有深厚的民族历史，而伴随着民族历史而生的则是民族文化，浓郁的民族文化让我们在文化创意设计的过程中底气十足。乌丙安先生曾在《非物质文化遗产保护理论与方法》中提到过："天上有多少星星，人间就有多少手艺绝活。"传统文化元素应用于现代文化产品设计中，需经过一个再造的过程，这种再造的艺术手法又分为两个方面：一是精神层面，着重指的是通过重塑心境进而对人的精神面貌和心智产生影响；二

是物质层面，直接对传统本身的某些结构进行重构，形成一种新的物体。这种再造的方式赋予了产品"生命的活力"，在保护了文化元素的传统性的同时，也进行了创新，提升了产品的综合实力与特色。

（二）材质的选用

除此之外，对材质的选用也是至关重要的。在现代文化产品的设计中，虽然有新技术的介入，但是运用新技术的艺术手法来替代原有的传统技艺进行文化创意产品设计，会削弱传统工艺的优势。从另一个角度来看，新型材料也给传统工艺带来了许多创新的机会。工业化大生产的出现，并没有让传统工艺就此行将就木，反而促进了传统工艺发展。在发展到一定程度时，事物本质会发生变化，引发人们思考。这种变化可以界定为传统与现代的交融，两者相互联系，在矛盾中产生新的作用，让原有的"枯燥无趣"转为"生动活泼"。

（三）"一物一心"即匠心

何谓工匠精神？"心心在一艺，其艺必工；心心在一职，其职必举"。此句的意思是指如若想把自己所从事的事业做得完美，就要一心一意专注于一件事，不气馁，不放弃，才能取得成功。秋山利辉在《匠人精神》一书中叙述了"一流人才育成的30条法则"。工匠精神渗透在生活、生产、设计中的每一个环节，并且形成了独有的文化与精神内涵。而在文化创意产品设计中，工匠精神的呈现在于对文化创意产品的外观设计精益求精，对文化创意产品的附属品传统元素的提取后精雕细琢。每个时代都有自己的传承，但工匠精神的"精益求精，精雕细琢"理念一直不变。

"创新"一词指的是对材料、工艺、造型等各种要素的全新探索，是对文化创意产品的一次"革命"。抱着对传统文化信仰的坚守与背后承载的文化与精神的敬畏与传承之心，出现了"创新"。但真正的工匠精神，又是慎谈创新的。对传统的认知和坚守越深入，对创新的理解和探索也就越慎重。每个时代都存在不同程度的属于自己的"创新"风格样式。这种"创新"，一定是植根于传统与现实需求的"摹古酌今"。

传统文化元素的本身是一个不断变化的过程，看待传统、吸收传统也需要用辩证的眼光去看待，并不是所有的传统元素都是可取的或可被利用的，应该辩证看待传统文化元素，取其精华，去其糟粕。将传统进行剥离，取用可行之物，应用于文化创意产品设计之中，才是正确对待传统，尊重传统，而不是单纯地将传统文化元素进行吸收、转化。

第二节 地域资源与文化创意产品设计

一、文化创意产品存在的问题

（一）文化创意产品的设计方式过于简单

文化创意产品在某种程度上是跟旅游行业的发展结合在一起的。一般都是人们在出门游玩的过程中看到自己比较喜欢的文化创意产品就会产生购买的欲望。游客不论走到哪里，都会特别关注当地的风土人情、地方特色产品。结合民俗文化元素的旅游产品能够带给人们更具创新性的诸多体验。这本应该是将文化创意产品做好的大好机遇，但是对文化创意产品的销售者来说，他们并不关心文化创意产品的设计好不好，关键是要能将产品卖出去，还要卖得好，只有这样他们才能营利。在利益的驱动下，文化创意产品行业就出现了一个严重的问题，就是设计方式过于简单，比如选取建筑的造型运用到产品上面，找到一些平面的传统元素，立体化地应用在产品的装饰中，这样设计的文化创意产品特别鲜明，很直观地把地方特色与产品结合起来了，但是这种简单粗暴的设计方式过于直白，使得很多文化创意产品给人一种档次不高的感觉。

（二）文化创意产品没有地方特色

文化创意产品的精髓应该在于跟各地区的文化资源联系紧密，做到地方特色鲜明。近年来，各地方都开始重视民俗文化资源的开发，地域文化资源本应该是一地一样，但现实中却是各地的文化活动都有雷同的趋势，比较常见的有把古建筑进行重新装修、开发仿古建筑、给非遗传承人授牌等方式。这样的实际结果就是虽然重视了文化，却不是地域文化，不是地方特色百家争鸣。一种典型的现象就是，市场上哪种产品卖得好，就有很多厂家进行模仿,全国各地卖得好的文化创意产品在很多地方的旅游景点都可以买得到。由于文化创意产品中对原创设计的不重视,使得大多数的文化创意产品都存在地域特色不明显的问题。面对千篇一律的文化创意产品,消费者的购买欲就会大大降低,进而不利于整个文化创意产业的发展。

(三) 文化创意产品缺乏有广泛影响力的品牌

中国各地都有很多的民俗文化资源,但是这些资源中诸如:剪纸、皮影戏等具有全国知名度的却不多。怎么样扩大这些民俗资源的知名度是影响其发展的难题之一。只有民俗资源有全国知名度了,才会有更多的人愿意去关注,他们的衍生发展才能有更好的环境。近年来,文化产业界有个别成功的案例,比如文学名著《西游记》被改编为动画电影《大圣归来》,在当年取得了巨大的票房成功;除此之外,以电影中的孙悟空、猪八戒等人物为原形设计了一系列的文化创意产品,用在衣服、手机外壳、杯垫等产品之中,引起了销售热潮,取得了商业上的成功。但是,这样的文化创意产品案例却只是个案,文化产业界还需要进一步努力,只有民俗资源有影响力并形成品牌了,其衍生而来的文化创意产品才能有更高的附加价值,二者之间才能相互促进发展。

二、文化创意产品的类别和设计的原则

以文化资源的不同类别为依据,文化创意产品大致可以分为以下几类:非物质文化遗产类文化创意产品、博物馆类文化创意产品、地标性建筑景点类文化创意产品。

具体来说,非物质文化遗产类的文化创意产品主要是指将非物质文化传承人的工艺与更为现代的设计形态结合,在设计中使用新的材料,或将传统的纹样进行重新设计并应用在新的产品中,运用这样的设计方式来创作产品。

博物馆类文化创意产品主要是指挖掘各地众多博物馆中的历史文物的价值,将沉睡在博物馆中的文物的形态、功能、图案、色彩进行提取,运用在日常生活中的功能性产品上,使文化创意产品不仅具有功能性还被赋予更多趣味性等情感上的意义。博物馆文化衍生产品的设计属于产品设计的范畴,但是不同于一般产品设计,文化因素在设计中占有很大比重。从根本上说,博物馆文化衍生产品就是博物馆文化在具体的产品设计中的凝结和物化。

地标性建筑景点类文化创意产品主要指将各地的具有标识性、识别度非常高的建筑或者古迹运用到产品中。在设计时通常会将实物形象进行抽象并概括成一个简约的形态，再巧妙地用到一个具有功能的产品上，设计成一个文化创意产品。

总的来说，三类文化创意产品的设计都要遵循以下原则：

首先，把地域资源作为切入点进行文化创意产品设计，是形成地域特色产品的一个重要方法。具有地域差异性的文化创意产品正好能满足人们高水平生活的需求，使人们在日常生活中得到更多精神上的享受。但是需要注意到现代与古代的社会环境、物质条件、科学技术、生活方式等都已经完全不同。在文化创意产品设计中，不能将古老的东西直接放在现代生活中，而要用一些巧妙的手法将之运用到现代产品上。

其次，对文化创意产品更应该是运用造型设计来反映文化内涵，以达到通过产品来承载文化的目的。文化创意产品设计正是要通过产品的形态及其使用过程来传达文化的意蕴，表现出它所具备的特定的情感、文化意蕴、风俗习惯等等。使用产品的过程是消费者的解读过程，是通过对产品形态、特征以及内涵寓意进行解读，挖掘隐藏在表层注释背后的意义象征，从而完成从明晰的实用功能到潜移默化的文化积淀的转变。这种表达方法虽然要通过图腾、标志、图案组合来进行表达，但是需要一种有内涵的、巧妙的、高级的表现方式。

三、文化创意产品的设计方法及案例分析

文化创意产品的设计方法有很多，大致可以归纳为：形状的套用、元素抽象化、隐喻等。针对不同类别的文化创意产品，在进行具体设计时要灵活采用不同的设计方法，通过合理的设计方法的选择，在文化创意产品设计中体现地域特色，从而最终达到提升文化创意产品设计效果的目的。

形状的套用是文化创意产品设计中最常见，也是最简单的方法之一。所谓形状的套用就是在文化资源中选择合适的设计元素，将其形态直接套用在另外一个产品上，以此设计出一个新的文化创意产品。这种方法的优势在于很直观，让用户一眼看去就知道所看的文化创意产品到底是跟哪种文化元素相关。但是这种设计方法的缺点也很明显，就是如果处理不巧妙，简单的文化资源的形态或者符号直接应用到现代产品之中，会显得非常生硬。

故宫出品了一款太和殿脊兽笔记本。这个笔记本在设计上面的处理方式是直接把太和殿的屋檐上面的一些神兽直接做成平面图形，然后在硬纸板上切割出神兽的形状，将其作为笔记本的封面，把笔记本设计成文化创意产品。太和殿脊兽笔记本的封面用黑色，底下的背景用大红色，象征着笔记本的御用之意。这种设计方式就是属于典型的形状的套用。由于太和殿脊兽是故宫中所特有的建筑元素，用在文化创意产品设计之中，就可以很明显地体现其地域特色，即源于故宫的文化创意设计。

太和殿脊兽是符号性特别强的元素，所以不仅仅只将其运用在笔记本上，设计师依照这个设计元素设计了太和殿脊兽书签等一系列产品。太和殿脊兽书签是将太和殿脊兽分开设计，每一种脊兽都配有一个签身，从而形成一套书签。当阅读书籍到一定部分需要做标记时，就把太和殿脊兽书签夹在该处。从书籍和书签配合的整体外观看来，就像一个神兽立于书本上面，非常有趣，说明形状的套用用得非常恰当。

元素抽象化是属于高级一些的设计方法。所谓抽象化就是在选择合适的设计元素之后，对元素进行重新设计，使之看起来更加现代化和简约，但又有民俗意蕴的感觉。再把设计后的元素巧妙运用到产品设计之中，形成一个全新的文化创意产品。在新的产品中有传统元素的影子，看上去跟传统元素又不一样。

又如台北故宫博物院和意大利阿莱西公司合作的系列产品。设计师以台北故宫博物院里面的一些人物的肖像作为基本的元素，设计并开发了一系列诸如钥匙扣、红酒塞、调料瓶等具有功能、在生活里用得到的文化创意产品。该设计将一些常见的瓶瓶罐罐等只是具有功能性的产品，赋予了文化内涵，使其在形态上独具清代人物特色，在销售上得到了很大的成功。在设计创意产品时应遵循传统与时尚相结合的设计理念，既要满足大众基本的实用性、功能性需求，又要满足更高层次的文化情感需要。对传统文化进行深入发掘并运用到产品上，是做好文化创意产品设计的第一要素。

又如一款基于粤北地区知名的宗教发源地南华寺所做的文化创意台灯的设计。整个灯具的外观的设计元素来源于寺庙的建筑大雄宝殿的外轮廓，在该设计中并没有直接套用建筑外轮廓，会显得太烦琐。在设计过程中，将大雄宝殿轮廓进行抽象和简化，最后得到简约又有细节变化的线框，运用到台灯的整体造型中。灯具上吊着的叶子形状的部件是灯具的开关，而叶子造型的设计灵感来源于六祖惠能著名的禅诗"菩提本无树，明镜亦非台。本来无一物，何处惹尘埃"。在设计中将灯具部件的造型与设计元素紧密结合，功能合理，寓意也很强。在台灯的材质选择上，选用了黑色的木材制作台灯，使台灯看起来很稳重，具有文化气息。该设计通过造型设计和材质选择把禅宗的理念运用到灯具中，提醒人们在日常生活中节奏要慢一点，要静下心来做事。

隐喻是文化创意产品设计方法中最高级的形式，追求文化创意产品的设计与参照元素的"形不似而神似"。隐喻的设计方法不是追求设计符号层面的内容，而是注重设计情感方面。这种设计方法对设计师的要求很高，需要对设计元素进行深层次的挖掘，找出人们所公认的一些特征应用到产品中。

2008 年北京奥运会，来自中央美术学院的设计师团队把中国独有的"金镶玉"概念应用到奥运奖牌的设计中。虽然这一系列奖牌在符号上并没有过多的中国传统的图腾，但"金镶玉"的奖牌设计很容易让人联想这是来自中国的设计，喻示中国传统文化中的"金玉良缘"，表达了中国人对奥林匹克精神的礼赞和对运动员的褒奖。该设计通过材质的结合向全世界表达中国的文化理念，是非常优秀的产品。

在全国重视文化创意产业的背景下，全国各地都可以看到很多的文化创意产品。地域资源应该与文化创意产品相互促进发展。作为设计师应该加强对地区历史文化资源和地域资源的挖掘，在文化创意产品设计中运用恰当的设计方法，创造出具有地域特色的优秀文化创意作品，努力使中国的文化创意产品达到更优秀的水准。

第三节 多感官体验与文化创意产品设计

一、视觉感官设计应用

相关调查显示，在人的五种感觉中，视觉所产生的感受比例约为 83%，居于首位。因此，一个好的文化创意产品首先应该在视觉形象上抓住消费者的眼球，这样人们才有可能去进一步了解它，感受其更深层次的丰富体验。而视觉中包含色彩和造型者两大主要内容。

（一）视觉色彩的应用

色彩作为无声的力量，能够潜移默化地影响人们的心理，通过不同的色彩搭配，传达出不同的情感思想。在文化创意产品中，日本文化创意品牌熊本熊的形象就生动地诠释了色彩对消费者购买欲望的重要作用。设计师为突出熊本县的特色，在熊本熊的身体上使用了熊本城的主色调黑色，并在两颊使用了萌系形象经常使用的腮红。而红色象征的是熊本县"火之国"的称号，它不仅代表了熊本县的火山地理，也代表了当地特有的红色食物。全身大面积的黑色突出了脸颊上的红腮红，将熊本熊的憨厚可爱形象放大，深受人们的喜爱。如今，在各大商场、服装上都能看到熊本熊形象。

（二）视觉造型的应用

造型是文化创意产品设计的重点之一，通过精准的造型塑造，生动的线条形式，对消费者产生强烈的视觉冲击，并带来舒适的视觉体验。以 2008 年奥运会五福娃为例，五个吉祥物均采用圆弧线作为基础造型单位，将各带寓意的装饰图案作为头饰，在和谐统一中又不缺失各自鲜明的特点，五个福娃的造型与所要表达的意象达到了视觉上的统一，形成了一个整体，满足了受众对系列吉祥物整体感知的需要。所以，文化创意产品设计应遵循一定的规则，有利于受众将产品各个造型看作一个整体。各部分的造型要素要符合受众的期待，使造型所呈现的创意得到完整、全面、有层次的解读。

二、听觉感官设计应用

视觉感官体验在消费者购买商品时占据主导地位，但相关研究表明，听觉感官同样具有重要的影响作用换言之，在色彩之外，人们对美妙或是响亮的声音也会加以留意。然而，目前国内的包装市场仍集中在视觉感官设计上。因此，如何充分利用听觉的感官特性，增加感官刺激，使人们对产品的体验更加深刻，是文化创意产品设计中值得思考的一部分。

（一）听觉包装

听觉包装可以是产品附加的背景音、简短的宣传语，或是使用过程中发出的特殊音效，它们的作用通常是加深人们对该产品的认知与印象。这类包装方式多存在于儿童玩具和部分电子产品中，儿童对新鲜事物充满好奇心，在儿童电子乐器上常会有各式按钮，在按下时发出有趣的旋律[1]。

此外，听觉包装也可以是通过产品本身结构的设计或特制材料的运用，使其具有独特的音效，并以此形成品牌独有的听觉识别元素。如开碳酸饮料瓶盖时，由于碳酸饮料的特性，气体涌出瓶外发出的声音已经成为独有的一种听觉识别元素；又如用特种纸张印制的书籍，在翻页时会发出较大的声响，以此吸引读者的注意力等。

（二）视觉与听觉结合

当产品的造型与包装已经达到良好的视觉效果时，通过材料、结构的进一步细化，让用户在使用时，产品发出高质量、舒适的声音，给予使用者不同的感官体验。在未来折叠：今日未来馆里有这样一件展品，将大地的脉动形态投影到展馆中央的球体上，同时又与声波变化相结合，使参观者身临其境，切身感受整个过程的跌宕起伏。相较于纯视觉传达，这种沉浸式的体验能给予人们更多的满足感，同样也适用于产品与包装的设计。这是一种更能满足消费需求的设计趋势。

三、触觉感官设计应用

在五种感官体验中，触觉体验所占的比例相对较小。触觉感官影响力较小的一部分原因是其需要实际接触产品才能产生，但其依然是使用体验中重要的一环。

（一）触觉包装

触觉包装主要与材料的质感、纹路、肌理、软硬度以及整体造型等相联系。所有的物品都有特定的构成方式，而不同的材料与造型会给人们完全不同的触觉感官体验。随着科技的发展，包装的形式已经不仅仅局限于使用传统的工业材料，许多新型材料陆续运用到产品包装上。比如，目前市面上许多家电开始尝试运用布面、木头纹理的表面材料，这增加了包装的多样性，也给予了使用者更多的选择。

---

[1] 国家文物局博物馆与社会文物司.新形势下博物馆工作实践与思考[M].北京：文物出版社，2010.

（二）视觉与触觉结合

材料的各种属性及产品包装的造型是可视的。例如，酒瓶是磨砂的还是光滑的，家具是棱角分明还是圆润的，首先给予人们视觉上的不同体验，接触它们的时候又能刺激触觉上的感知，二者共同影响，加深使用者对这个产品的印象。如布面、木头纹理给人更加柔和而温暖的视觉效果，在触摸时也没有金属那样冰冷的感觉。因此在设计过程中，可以同时考虑这两种感官，让使用体验更加多元化。

四、嗅觉感官设计应用

气味是一种比视觉画面更有张力的记忆形式，并且比视觉记忆停留得更久。气味不仅能营造氛围，而且气味的再现能调动用户的嗅觉感受，使用户很快回想起过去的特定场景，引起用户的情感共鸣。利用嗅觉感官可以建立起气味和品牌、文化之间的联系，让文化创意产品带给用户更深刻的体验。

（一）现有的嗅觉运用方式

直接运用到嗅觉感官的一类文化创意产品是香氛类产品，液体香氛、固态燃烧香等产品本身带有气味，气味就是该类文化创意产品的主体；另一类是本身无气味，但通过熏香加上与产品同主题气味的产品。例如，在古风类文化创意产品上熏以古朴的东方木质香，通过这种气味和古风意向的关联带给用户深刻的体验。同样，以无印良品书店为例，它和其他门店一样，传达"生活美学"的概念。在书店中，香氛机始终工作，释放自然精油香气，同时用户购买的产品中也会萦绕这种气味，这种气味的体验以一种不张扬的方式将文化、价值观传递给用户，并且有更长的持续时间。

（二）对嗅觉在文化创意产品中运用的未来展望

日本已经研制出一种能够记录与复制各种味道的仪器，可以做到再现玫瑰的馥郁、香蕉的甜腻，甚至各类刺鼻气味。这为文化创意产品中大量运用嗅觉元素提供了可能。通过气味监控、气味制造、结合手机软件和留香材料，相信在5—10年内，气味记忆将和现在的摄影留念一样，不同特色的气味可以被保留，可以在朋友之间传递，可以与更多的人分享，成为一种流行的保留回忆的方式。利用嗅觉相关技术的文化创意产品将具有更强的传递文化、分享城市印象的功能。

五、味觉在文化创意产品中的应用

味觉主要在食品类文化创意产品中出现，在一些前沿的食品包装设计中，用视觉插画或是特制材料体现食物口感，已经是一种成熟的多感官运用方式。

圆润的食品包装会让人联想到柔和的口感，棱角分明的包装则与刺激的口感相匹配；低饱和度的颜色对应清淡的口味，鲜艳明亮的颜色则对应浓郁的口味，这是长期以来人们习惯的、下意识的预期联想。这种视觉和味觉上的对应可以应用于文化创意产品营销，因为大多数人认为图形比文字更直观，当用视觉形象做包装来表现文化创意产品口感时，会比文字描述更引人注目，更容易吸引消费者，给其留下深刻印象。

此外，味觉记忆能将进食行为与周围的物质环境形成相对稳定的意象联系，将味觉纳入文化创意产品设计能将个体生命记忆纳入社群记忆（城市文化、印象、价值观）之中，给消费者更深刻的体验。

文化创意产品产生的目的主要是传递文化，增强用户的记忆和情感体验，而多感官文化创意产品的核心竞争力在于"体验感"。充分调动人的五个感官的产品，能和用户本身有更多物理互动和情感交流，比单一感官的产品更具趣味性和人文关怀，是市场的大势所趋。

第四节 色彩文化与文化创意产品设计

色彩是人类探索世界、认识世界的一个独特窗口，是绘画、设计和审美的重要因素之一。早在河姆渡时期与仰韶时期，我们的祖先就开始使用植物与矿物的颜色来记录他们的生活。从人类文明史中可以发现，任何一种心理模式的出现都源于一种文化根源。生活中的一些色彩现象折射出丰富的文化意味，形成了独特的色彩文化系统。中华文明源远流长，传统色彩文化熠熠生辉，宝贵的色彩文化资源对现代文化创意产品的设计研究具有重要的现实意义。

一、融入中国传统文化思想的色彩观

人类对色彩的感知是多维度的，主要通过人体的视觉系统、色彩的文字意义，以及一些物理现象来认识与重构色彩。中国传统色彩源远流长，从原始先民们的单色崇拜，到开始使用石绿、朱砂等，至虞舜时期五色体系的形成，中国人的色彩审美在漫长的文明中不断演进。中国古人对色彩的使用具有精神性，与西方理性分析光谱与色谱有所不同。中国对色彩的认识基于感觉系统，是一种文化性阐释。在"天人合一"的哲学思想下，古人将物质世界抽象成"木、火、金、水、土"的五行概念，从而演化出"青、赤、白、黑、黄"的五色观，五色体系成为中国绘画的基础。古人还将颜色与季节建立起相对固定的配色方案，将"春、夏、秋、冬"对应"青、赤、白、黑"。从这些文献研究中，可以看出中国传统的五色系统是古人观察、类比、联系自然万物的结果。在中国传统文化中，将"色彩"与"物体""方位""动物""季节"等建立联系，产生某种颜色可以代替某种形象的文化概念，这是中国传统色彩观念的语言性体现。以上研究证明，中国人的色彩审美精神性很高，不仅是空间、时间等因素结合的产物，更是追求情感、时空、物质之间关系的表现。

随着人们色彩自觉性的提升，显在的色彩活动逐步取代人类自觉的色彩形式，色彩本能成为人类思想上的沉积。于是中国古人的色彩意识由原始自发色彩象征逐渐转入精神层次的自觉色彩象征。儒家思想曾是我国古代的主流意识形态，因其文化思想博大精深而成为我国传统文化的精髓，同时在艺术审美上展现了中国传统色彩美学思想的包容与含蓄的特性。

从汉武帝时期的独尊儒术开始，以孔子为中心的儒家思想影响着历代中华儿女。儒家文化已经内化为一种人文品格。儒家十分注重中国传统色彩文化，探寻颜色的精神象征，将传统五色与"仁、礼、德、善"思想体系相结合，其论著中常常借色喻理。例如孔子曾说："恶紫之夺朱也，恶郑声之乱雅乐也。""郑声"是民里的俗乐，"雅乐"是朝会的正乐。按照五色学说来看，"朱"为正色，"紫"为间色，"紫之夺朱"无异于"郑声之乱雅乐"。孔子以正色与间色的关系来比喻社会对"礼"秩序的破坏。儒家的色彩观受五色观影响很大，主要是为了维护周时建立起的色彩制度，强调"礼"的规范。从传统的服饰文化中便可看出，我国各个朝代都有色彩偏好。例如，秦始皇崇尚黑色；汉高祖喜爱赤色；隋朝高官多着紫衫白袍；唐朝规定黄色为皇家用色，庶民不得以赤黄为衣；宋代崇尚紫色；清朝以黄色为贵，这些偏好大多源自统治者对色彩的喜恶。君与民的用色之分反映了人们对"礼"的推崇[1]。儒家的另一种色彩美学思想是以色来暗示美德，即"比德"。在我国经典的戏曲文化中有所体现，用单纯、夸张、鲜明的脸部色彩来展示人物的面貌，不同颜色的脸谱暗示着不同的性格与品德：红色象征着忠勇，黄色象征着勇猛，白色象征着阴险奸诈，黑色则表示刚直不阿，戏曲中的色彩具有塑造"典型人物形象"的良好作用。这种典型的儒式色彩审美将传统色彩进行社会化，具有伦理道德性，在现代社会生活中仍具有"寓褒贬、别善恶"的社会教化功能。

二、色彩文化在文化创意产品中的应用

目前文化创意产品作为文化创意产业的重要载体和表现形式，成为地域文化产业发展的中坚力量，是区域政治、经济文化的显性呈现。由于当前国内文化创意产品的发展以实践为主，缺乏相应的理论支撑，导致在文化创意产品的开发过程中出现形式过于雷同、用色不慎考究、实用功能差等现象。文化创意产品中文化内涵的缺失是问题产生的重要原因。中国传统色彩学术年会在北京举行，来自中、日两国三十多位色彩专家和多位传统色彩爱好者围绕不同的中心议题对色彩的观念、色彩的历史、色彩的应用以及颜料的制作等方面展开讨论，对中国传统色彩的研究上升了一个新的高度，在弘扬中国传统色彩与中华传统文化的同时，为国内现代文化创意产品设计提供了理论支撑。现代文化创意产品的色彩研究应该注重传统色彩的现代转化，注重色彩设计的隐喻性及功能性，这样才能更好体现出文化创意产品的独特性与文化性。

（一）注重传统色彩文化的现代转化

传统色彩在现代文化创意产品中的应用不应该是盲目的"拿来主义"，进行科学的选择与有效的现代转化才能更好地迎合现代消费者的需求。目前，文化创意产品设计大致有三种类别：一类是对文物的高仿再造，这种类型的产品需要工艺与技术的支持，创

---

[1] 张尧.基于博物馆资源的文化创意产品开发设计研究[D].苏州：苏州大学，2015.

意稍弱，如云山墨戏图卷的复制品；一类是创意衍生品，将参照物中的符号进行嫁接，如利用现代数字媒体技术制作出的文化创意产品属于这一类；还有一类属于产品的再创造，将原有图形元素进行重新组合，打造具有产品特征的全新视觉形象，如富有青花图案的系列餐具，从古代服装配饰演变来的创意挂饰等。以上这些方法都是寻找传统文化与现代生活的结合点，取其精华，通过对已有事物进行"陌生化"处理，架起传统与现代的桥梁。

首先，应充分考虑传统色彩的特征，依据产品的特点选择合适的传统色彩。近几年关于国家博物馆的文化创意产品层出不穷，台北故宫博物院的文化创意产品出类拔萃，将文物的文化符号从形态层面到精神层面进行了概括与融合，与时代接轨，创造出了一种自身特有的文化创意产品设计风格。

其次，在配色过程中注重对色彩的重新组合与合理搭配，如改变传统色彩在产品中的比例与面积，在视觉上构成全新的色彩意象。台北故宫博物院一款名为"双连油醋瓶"的文化创意产品，设计灵感来自清朝乾隆年间的粉彩开光花鸟双连瓶。设计师在原有文物的配色中取色，将色彩进行整合，简化色彩的数量，采用蓝色与白色，通过对瓶身原有形态的保留与改变，使得创意产品既具有传统美感又不失现代生活气息，将原本是帝王书斋里的珍玩，设计成现代餐桌上的调味瓶。如果设计师按照文物原本的图案与色彩进行复制，得到的产品则会略显陈旧。通过对传统色彩的重新组合，一个以白身描蓝边，另一个以蓝身描白边，两个瓶子搭配在一起，透露出独特的东方之美，既有历史文化印记又有现代生活情趣。

最后，充分考虑传统色彩属性与产品之间的联系，必要时可适当调整色彩的属性。中国古代传统色彩在使用上重精神而轻形式。西周时期，统治者将五色定为王室、宫廷使用的正色。为了凸显皇权的尊贵和显赫，皇家用品配色一般都以鲜艳为主，配金银色为装饰，这种审美趣味一直延续至今。例如一款名为"有凤来仪"的杯垫套装产品设计，产品的图案设计灵感来源于清代点翠凤凰纹头花，是一对回首凤凰，色彩以黄、红、蓝为主。以传统金线勾边，按照翠羽、宝石的颜色调配出近似色，利用现代的微量射出工艺进行色彩填充。整个产品线条流畅、色彩华丽，透露着宫廷用品的古法韵味，使故宫文化不再停留在馆藏文物的展品序列，而是采用现代的方法把东方文化进行转换并传播出去。没有生硬地照搬传统清朝宫廷用色，而是将传统色彩进行纯度与明度的提升，将原本沉闷的历史文化转化到亮丽的色彩表现和造型上，实现历史文化传播的同时，体现出现代设计的时尚气息，很好地将传统色彩进行了现代转化。

（二）注重文化创意产品色彩设计的隐喻性

在进行文化创意产品色彩设计的时候要注意色彩中蕴含的文化隐喻性。阿恩海姆曾说过："色彩能够表达情感，这是一个无可辩驳的事实。"色彩之所以具有一定的象征功能，是以一定的传统文化为背景的。中华民族崇尚红色，红色具有热情、喜庆、吉祥等色彩寓意，所以红色在中国人的心目中具有特殊的情感和象征意义。节日喜庆要用红色来做装饰，新娘要穿红色礼服。在文学中也不乏对于红色的喜爱：人走运了称为"走红运"；将美丽的女子称作"红颜"；受人喜爱，得到重用的人称为"红人"等。这种色彩倾向自古就有，相传神农氏自封为炎帝，炎者红也，刘邦兴汉后自称"赤帝之子"，这些都是红色的类比运用。受众的审美取决于环境的感染、文化的熏陶，甚至是宗教的影响等。在进一步的研究中，我们还会发现古人常用颜色的视觉感受指代人物形象，例如民间有"女红、妇黄、寡青、老褐"等称谓。这些富有颜色性的词语实则指代不同年龄阶段的女性，通常用穿红戴绿来表现少女的形象；用黄衣或黄巾来表现少妇；孤寡者以着青色显示肃穆；老年人则用储墨或褐色来表现，利用人们对颜色的视觉感受来表现具体生活形象。如此一来，颜色被赋予了其所不具备的概念，产生了象征意义。

故宫博物院有一款名为"万紫千红便签纸砖"的文化创意产品，其创意灵感来自故宫博物院收藏的清代画珐琅团锦花纹盖罐。此文物通体白釉画珐琅彩花，颈部、腹部及盖子上描绘着大小各异的团锦花纹，具有很强的艺术感染力。设计师借传统色彩之形，取传统色彩文化之意，将美好的寓意寄托在产品设计之中。在注重产品色彩美观性的前提下，大大提升产品的格调，深受消费者喜爱。

中国色彩文化与传统文化密不可分，是我国人民审美意识的集中体现与表达，透露出中国式的思维与逻辑，具有地域特性。现代的文化产品设计需要创新，不仅要紧跟国际潮流，同时也需要注重本国化，从中国的传统文化中汲取营养。研究传统色彩是对我国传统文化的继承与弘扬，不仅便于设计师们进行设计创作，同时也使购买者更好地解读中华传统色彩语言，更好地构建具有中国特色的产品色彩设计体系。

第五节 仿生设计与文化创意产品设计

在社会不断发展的今天，人们对文化生活的重视程度逐渐提升，文化创意领域的产品设计水平也不断发展，将文化创意产品中的设计元素与仿生设计内容相结合可以有效增加文化创意产品的自然属性，更贴合现代人的生活需求，容易激发受众的认同感，对文化创意产品设计具有重要的价值和意义。

一、仿生文化创意产品的现状

随着生活水平的不断提升，人们对文化旅游、创意设计等方面的兴趣越来越浓厚。但是目前的仿生文化创意设计图单一，不具备灵活性。文化创意产品的主要原则是在融合原本的文化元素之外，创新更高层次的文化产品。不过，当前市场上的文化创意产品只是将众多的设计元素拼凑组合，在仿生设计部分缺乏独特性。比如，只是将仿生设计与明信片等产品单一结合，或者完全仿照某种生物制作工艺品，缺乏自身的独特性。

二、仿生设计在文化创意产品设计中的应用

（一）形态仿生设计中的应用

形态仿生设计是指在文化创意产品设计时通过简化或者模仿生物体的外部特征，利用艺术的处理手法将该要素应用于文化创意产品设计中。其中包含三个方面：

1.具体形态仿生

具体形态仿生是利用自然界中的各种生物外形，采取变形、夸张的艺术手法，相近地展现事物的形态，实现吸睛的视觉效果。在文化创意产品设计中运用仿生原理可以提

升文化创意产品的创新力与创造性。因此，可以将这种设计理念运用在一些文化创意产品中，比如将自然界中的鸟、虫、鱼、花等元素的外部特征与手机壳、钥匙扣、杯子等相结合。

　　2.抽象形态仿生

　　抽象形态仿生指以事物的外部形态为基础，加以总结提炼，通过变形、夸张的手段，对仿生对象的形态特征加以利用，使其高于本身的自然形状，做到"神似而形不似"，运用于产品的设计中。比如，某设计师设计的墨竹挂钟，古人常常以"宁可食无肉，不可居无竹。无肉令人瘦，无竹令人俗"来表达竹子在人们心中的地位。这款挂钟的钟面是我国著名山水画大师绘制的墨竹作品，指针设计成竹叶的形状，随着时间流逝，竹叶巧妙地与表盘中的画作融为一体，俨然墙上的一幅墨竹画作。拥有这种仿生时钟，抬头间仿佛感受到微风，看到月光下的竹影，将竹子的抽象形态传递给受众。

　　3.意象形态仿生

　　意象形态仿生是结合事物的形和意方面的因素设计，使文化创意产品不仅具有自然的视觉效果，还具有寓意与象征。意象形态仿生设计的重点是将事物外形与产品之间的隐藏联系进行深刻剖析，在对比中建立仿生对象与文化创意产品设计之间的关联。比如，在推出猫形吉祥物时，设计理念除利用猫的外形之外，还引用了猫吉祥招财的寓意，将文化创意产品做到神形兼备。其中，招财猫举起的左爪和右爪分别代表招福、招财。

（二）结构仿生设计中的应用

　　结构仿生设计是从不同的角度找到事物与文化创意产品之间的关联，将其融入产品的设计之中。在产品仿生设计中，一般将植物的茎叶、动物的肌肉、骨骼结构，甚至是自然景观的细节纹路融入产品设计之中[1]。比如，海洋馆中售卖的由贝壳托起的水晶球产品，水晶球中的岩石以及外部的贝壳纹理细致。比如杭州雷峰塔景区推出的冰箱贴、钥匙扣等文化创意产品上雷峰塔的细节部分十分清晰，富有质感。

（三）色彩仿生设计的应用

　　色彩仿生在文化创意产品设计中占据重要地位，在仿生设计初期，就需要将形态与

---

[1] 许彬欣.台湾文化创意产品发展思辨[D].北京：北京理工大学，2015

色彩相结合。由于对一种颜色在不同的环境中的感受均不一样，可以将大自然中的显性色彩运用于文化创意产品设计中。比如，花朵的鲜红、树叶的翠绿、动物具有警示作用的皮毛色彩均可运用到产品中。例如，北京故宫博物院推出的"如朕亲临、奉旨旅行"的腰牌卡，拥有明黄色与深蓝色两种配色。其中两条龙的颜色配置大胆，十分亮眼。腰牌是古代官吏别在腰间的出入"通行证"，北京故宫博物院利用腰牌的概念与颜色，与现实中的行李牌相结合，既可以作为公交卡套又可以作为行李牌，亮丽的颜色深受大众的喜爱。

（四）功能仿生设计的应用

功能仿生主要利用自然界中的生物存在能力与天然材料的属性设计改造。在春秋时期，鲁班就曾利用锯齿草叶片的特性，制造出了锯子。功能仿生在产品生产中占据重要地位，深受设计师的喜爱。比如利用一些景观建筑的独特属性设计开瓶器、门挡，将某地景点特有的鸟类设计成哨子，利用某地特有的莲花形状制作储物架，将博物馆的画作印制成帆布包，都是将功能仿生与文化创意相结合的例子。

综上所述，文化创意产品在迎合大众的审美、消费需求中具有重要作用。而生物仿生是结合生物的特性与产品的结构应用于实际的产品设计中，二者之间相互关联，各有特色。由于仿生设计在具体的应用中没有特殊限制，因此可以和文化创意产品的设计相结合，发挥意想不到的独特效果。

第六节 文化新经济与文化创意产品设计

随着生活水平的提高，人们对文化创意产品精神满足的需求会超越功能性需求。简言之，已经没有多少人会去一元店买杯子了，哪怕功能完全一样，但仅仅为了让自己愉悦，受众也愿意选择贵十几倍甚至几十倍的较为精致的杯子。文化新经济下，消费者消费心理的变化将给传统文化创意产业一个巨大的转型机会。

一、文化新经济

（一）新经济起源

21 世纪初期，美国经济在持续 100 多个月的快速增长中，实现了高增长、低失业、低通胀的发展，被学者们称为"新经济现象"。时至今日，高新技术的发展及其产业化对人类社会和经济的发展带来深刻的影响，以技术、知识为主要标志的新经济已成为影响世界的主要经济形式。

（二）文化新经济概念

文化新经济以文化元素核心为内在驱动，以拉动文化消费为主要手段，以产业转型升级为最终目的。文化新经济是从发展经济的角度往回看，如何把文化元素提炼出来，附着到存量经济体制上，让它焕发出新的活力，这是文化新经济的独特内涵。概言之，文化新经济从经济发展的量性指标来衡量，提炼文化元素，与新的方式结合。文化新经济对文化创意产品的发展指明了方向。

如迪士尼，先提炼出影视形象，把每个形象元素标准化，然后就会形成迪士尼餐厅、迪士尼文具、迪士尼乐园等等，由卡通形象衍生的各种各样的商品，这就是后商品时代，一般采用授权经济模式。迪士尼的文化创意产品是以迪士尼卡通人物形象为原点进行设计的，则这些人物形象可称为迪士尼的目标文化。如何提取和运用目标文化将成为文化新经济下文化创意产品的关键。

二、文化新经济下文化创意产品的设计原则

从文化新经济的角度讨论文化创意产品的设计工作，就是从产品如何产生最大效益反向推导产品的设计工作。文化新经济概念所描述的特征表现为：首先是文化经济的高度融合和统一，文化需结合资本、技术、产品等要素融合发展，各要素之间相互渗透，很难再将文化或文化产品单个区分对待和研究；其次，融合文化和创新发展才能成为文化产品的核心竞争力。综上，提炼以下三点文化新经济下文化创意产品应遵循的设计原则。

（一）绿色设计原则

在人类的发展史上，工业设计为人类带来了现代生活和环境，但是也加速了资源的消耗和利用，对地球的生态平衡已经构成影响。站在文化新经济的角度，应重视文化创意产品的绿色设计[1]。即在产品的整个生命周期中，在保证功能的前提下，减少对环境的污染，对能源的消耗。在文化创意产品的选材、加工、包装和产品全生命周期，考虑其可拆卸性、可回收性、可维护性、可重复利用性等。

（二）倡导更加科学的生活方式

文化新经济关注的受众群体是人，所以更积极倡导人们以更舒适、更科学的生活行为方式生活，成为工业设计师的主要任务。无论哪一项开发设计都应遵循这项原则。文化创意产品也是一样，文化新经济下科技进步、经济发展，人们的生活质量越来越高，在这样的条件下，文化创意产品应更加重视引导人们以更科学的方式生活。

（三）以目标文化为核心原则

每种文化创意产品都要为目标文化服务，文化创意产品可以被认为是消费者和文化之间的纽带，人们使用文化创意产品的过程也是对这种目标文化学习和传承的过程。文化新经济下，每一种目标文化就好比市场竞争下每个独具特色文化的品牌一样。在收入水平日渐提高的当下，人们追求个性化定制和追逐时尚，目标文化能满足人们心理的需求。因此，文化创意产品应该以目标文化为核心进行设计开发，所设计的产品应该完全符合并传承这种目标文化。如故宫文化创意产品是完全以故宫文化为核心设计制作的文化创意产品，这样的产品具有极强的针对性，继承故宫文化，在面对喜爱故宫文化的消费者时自然十分畅销。

三、文化新经济下文化创意产品的设计创新

文化创意产品应是经济性和文化性、继承性和创造性的统一。目前市场上存在的文

---

[1] 马琳.博物馆艺术衍生品开发研究[D].南京：南京艺术学院，2013.

化创意产品良莠不齐，且可以借鉴的研究成果较少。研究文化新经济可以为文化创意产品设计提供创新思路。文化新经济下，设计师们可以借助新技术、新媒介扩充文化创意产品形式，使文化创意产品以更具现代气息的形式为人们展示鲜活的文化内涵。综上，提炼以下两种文化创意产品的创新方式。

（一）结合新媒介创新

传统媒介的文化创意产品营销是直接推销产品，新媒介环境下的文化创意产品营销需要对产品本身、新媒体传播内容及用户需求三者关系进行深入思考，可制造出别具一格又具有亲和力的网络新媒介传播形象，从而征服消费者，实现营销目标。文化新经济下数字媒体的运用，可以加大文化创意产品和需求者的接触面积，通过现代媒体的传播，以最有效的方式将文化创意产品信息传播出去。

例如，故宫淘宝从 2010 年开始上线，相应开设了微博和微信，同时上线了 8 款故宫自主研发的 APP，将故宫文化创意以一种新的形式传播给顾客，顾客以更轻松、便捷的媒介方式获取这批优秀文化创意产品信息。

（二）结合新技术创新

新技术的发展往往会为经济发展、产品更新带来巨大动力。文化新经济下虚拟现实设备和 3D 打印设备实惠的价格和成熟的技术，被越来越多的文化创意产品设计师所使用，与技术的碰撞将为文化创意产品带来意想不到的机遇，为使用者带来新体验、新感受。

例如，使用 3D 打印技术定制个性化文化创意产品，能加快产品的制作速度，让文化创意产品的个性化定制成为可能。虚拟展示技术即 VR、AR 和 MR 的运用，给人们带来颠覆性的体验。2015 年浙江大学推出的 AR 明信片，配合使用免费的 APP，受众只需将摄像头对准明信片或画册，学校建筑立体模型就立即显现；摄像头离开明信片后，离线模式仍让模型停留在空中让消费者观赏。

文化新经济为文化创意产品的设计提供了新思路。文化新经济下的文化创意产品设计应该围绕目标文化展开，遵循绿色设计原则，倡导更加科学的生活方式，且具有深刻的文化内涵和鲜明的时代特点。

第七节 非遗文化与文化创意产品的设计

非物质文化遗产是人类宝贵的精神财富和物质财富，是人类长期生活的智慧结晶，是中华文化代表性的符号，将其发展和传承是一项时不待我的事。在国家和社会各界的共同努力下，我国文化遗产保护取得了明显成效。与此同时，也应清醒地看到，当前我国文化遗产保护面临着许多问题。现在，非遗文化存在非遗传承人的技艺无人传授和冷门非遗产品无人买单，非遗产品缺乏创新，与现代大众审美不符等问题，阻碍了非遗文化的传承与发展。非遗文化从理念上看来与文化创意产业有着一定的契合性。通过对非遗文化与文化创意产品的结合进行论证，可以发掘出非遗文化创新的具体方法，提升经济价值和文化价值。

一、非遗文化创意产品的现状分析

（一）产品的文化性与实用性失调

文化创意产品作为一种物质产品，虽然是物质表达文化情感的形式，但实用功能应该是首位的。文化创意产品较普通的物质产品来说，文化内涵的存在使产品更加丰富。现在的文化创意产品大都是抱枕、手机壳、钥匙扣、杯子等，非遗文化元素与产品载体脱节，没有一定的互通性，消费者很难通过此类产品联想到相应的非遗文化内涵。

（二）产品的价格相对较高

很多非遗项目是手工的，耗时耗力，成本也相对较高，设计出来的产品价格昂贵，大部分消费者难以接受。如果将产品投入工厂，产品制作工艺相对粗糙，缺乏创新性，很难吸引消费者，引起其购买欲望，导致产品滞销。

（三）产品的品牌意识薄弱

非遗文化与流行文化相比受众范围较小，多以工厂以及小型作坊等生产，知名度较低。许多非遗项目传承人因为文化程度低，或身处偏远的地方，本身对非遗的认知不够、保护意识差、品牌意识更差。总的来说，非遗资源开发在产业化的过程中缺乏长期的、系统性的规划工作，没有形成整体循环的生态性产业格局，还局限在对个别单项产品开发的思路之中[1]。

（四）产品的推广体系不健全

在现在的互联网时代，人们足不出户就可以买到自己心仪的东西，而往常的非遗工艺品大都在文玩市场、展会等小型的场所进行售卖，宣传范围比较窄，受众少且有局限性，因此在建立品牌的基础上还要以更多的新媒介去推广。

二、非遗文化创意产品的创新设计

《中国创意产业发展报告（2010）》指出："传统文化的开发越来越离不开创意元素的加入，创意产业呈现出向传统文化加速渗透的态势。"可以说，将非遗文化元素引入文化创意产业，是对非遗传承保护的措施，更是文化创意产业发展的契机。因此，非遗文化创意产品的设计应满足以下条件：

（一）文化性

文化是文化创意产品的灵魂，更是一个地域的标签。将非遗文化合理提取并用全新的方式表现出来，再根据载体的不同进行转化和调整，使其具有更高的文化价值，充分体现出传统风格与现代风格的结合，同时体现了民间艺术家的巧思及当地深厚的民俗文化底蕴。

---

[1] 韩爱霞.我国博物馆旅游创新开发模式研究[D].济南：山东师范大学，2009.

（二）创新性

为解决现在市场上文化创意产品种类单一的问题，还需要具有创新性。产品的定位需要根据人的审美需求进行实时创新，紧贴人们的生活，使其达到本身的最高纪念价值与收藏价值。

（三）可行性

可行性主要体现在文化创意产品的品质方面，作为一种纪念品，质量必须有保证，不可粗制滥造，这样不仅实用性差，也是对中国传统文化的一种不尊重，因此需要以可行性为基础进行设计。

（四）情感性

产品应满足与消费者的情感互动，将传统文化经转换以现在的表达方式展现出来，与消费者产生情感上的共鸣，让消费者有熟悉感，感受到家的味道，让消费者在追求时尚的同时有一种家的归属感。每一件物品的设计理念与设计思路都是产品专属的故事，不同产品满足不同消费者的情感需求。

三、非遗文化创意产品的实践思路

在非遗文化创意产品线下发售初期，应控制供应出售产品量，通过小部分人群购买评价，引起大众好奇心，再一点点扩大供应出售产品量，根据购买情况有针对性地控制不同类型的非遗文化创意产品生产量再到后期全面广泛出售。

下一步要借助网上平台来实现线上渠道的开拓。可以在线上提供材料包，引导手工体验。引导受众亲自手工制作是一种深度的体验途径，随着电子商务的普及，一些无法身临其境的受众也可以通过各种途径收到材料包，对手工艺类的非遗项目进行参与体验。

便捷是网络时代各个领域最普遍的特征。针对非遗项目，进行材料包的设计开发无疑是一种更加简单快捷、传播面更广的方法，传承人需要在确定产品后，计算好所需材料的内容与数量，配成相应的材料包。在这个过程中，成熟设计师的参与对于强化材料包的视觉效果、提高实际销售量有较大作用。材料包中除了手工体验所需要用到的材料之外，制作教程也是必不可少的。对于一些制作步骤相对简单的产品，直接在材料包中提供说明书即可；而对于一些相对复杂的手工制品，有时需要给用户提供制作的电子教程或视频演示，相应的做法是在材料包中提供可以扫描的二维码，用户们可以通过扫描二维码，获得详细的视频教程，在观看后达到手工体验的目的，使越来越多的人了解非遗、传承非遗。在此期间不断积攒口碑，不断积累用户，了解客户需求，最终扎根市场。

消费是最好的保护。为了非遗的传承和发展，用更好的设计方法体现文化的精髓，以文化创意产品的形式出现在大众视野，无疑是一个好的解决办法。

第三章 地域性文化创意产品的设计

第一节 梅州客家文化创意产品设计

本节以梅州客家文化创意产品为研究对象，通过对客家文化元素的提取，将其引入文化创意，对文化创意产品的设计进行分析和探讨，论证客家文化创意产品设计的重要性。通过对客家文化创造性的继承、文化与产业的深度融合，客家文化创意产业会涌现更多的新形态，成为全国文化创意产业中不可忽视的一支力量。

一、客家文化与文化创意产品

客家是汉民族在世界上分布范围最广、影响最深远的民系之一。客家文化既继承了汉族文化，又融合了岭南地区的土著文化，是儒家文化、移民文化和山区文化的结合。客家文化涵盖语言、戏剧、音乐、舞蹈、工艺、民俗、建筑、饮食等方方面面。客家人分布广泛，影响深远，聚集地遍布广东、福建、江西、广西、四川等省份和马来西亚、老挝、柬埔寨、加拿大、美国、日本、新加坡、泰国等地。

（一）文化创意产品

文化创意产品比一般产品更加注重本土传统文化的挖掘和传承。把传统元素揉进现代风格，既保留了传统文化，又体现了时代特色，突破了传统风格的沉稳有余、活泼不足等弊端。客家文化历史悠久，底蕴深厚，重礼仪、倡文风、崇尚祖先、团结进取等人文精神为文化创意产品设计提供了丰富且优质的设计资源，应善加借鉴，将传统客家文化元素通过抽象、转换的手法进行再设计，使其在中国文化创意产业中发挥更加重要的作用。

（二）客家文化与文化创意产品的关系

客家文化是客家文化创意产品开发的生命之源。客家文化与客家文化创意产品开发之间是相辅相成、相互促进、共同发展的共生关系。一方面，客家文化不仅为客家文化创意产品开发提供了丰富的素材和灵感来源，是客家文化创意产品开发的资源依托，也是创新的智力支持，引领着客家文化创意产品开发的方向。另一方面，客家文化创意产品的开发又丰富了客家文化，是客家文化的传承和创新的新形态。

二、梅州客家文化创意产品现状分析

梅州位于广东省东北部，地处闽、粤、赣三省交界处，是客家人的主要聚集地，被誉为"世界客都"。客家民系以其深厚的文化积淀、独特的民俗风情、神奇的迁徙历史，被誉为中华传统文化的"活化石"。梅州是客家文化主要发源地和客家文化向外传播的核心区之一。

2010 年设立的国家级客家文化生态保护实验区，是我国第五个国家级文化生态保护实验区。2011 年，梅州市政府出台《梅州市建设文化强市规划纲要（2011—2020 年）》，指出要把梅州建设成为广东区域性品牌建设示范市、中国知名的客家文化产业城、全球客家人的心灵家园。

2013 年 12 月 31 日，首届客家文化创意产品博览会（简称"客家文博会"）开幕。客家文博会作为客家文化的代表已经深入人心。在"客都文化杯"文化创意产品设计大赛的工艺礼品设计作品的征集中，以客家文化为设计元素，所创造出的文化产品形式多样，不仅可以走进百姓生活，也能更好地传承和弘扬客家文化。参赛作品形式多样，包括明信片、餐具、屏风、布艺、书画作品、电子产品、石雕、围巾等。创意产品设计需要多方支持和协作，最后才能对创意设计进行产品化、产业化和市场化。2018 年 12 月 30 日，梅州市举办首届"创意梅州•逐梦青春"青年文化创意节，通过创意市集展示青年创新创意产品，通过青年创意孵化基地聚集青年新兴群体，通过投融资平台推动优秀创意产品对接文化创意产业，推动传统和现代融合发展，激发创造活力，实现素质提升、职业发展、社会融入等个人梦想，从创意、产品、产业三个维度推动青年创新创业，助推梅州文化创意事业高质量发展。

梅州地区坐拥丰富的客家文化资源，孕育了无数艺术瑰宝，汇聚了众多文明结晶。广布全球的客家人又为客家文化创意产品带来潜力巨大的广阔市场。但目前市场上的文化创意产品琳琅满目，水平参差不齐，同质化严重，甚至有的仅仅是传统手工艺品而已。有一些只是对客家文化体系中的视觉元素简单复制，也不做任何修饰，导致文化创意产品内涵表现出肤浅化的特征，大大降低了市场与消费者对其的满意度。梅州文化创意产品需要依托客家文化进行产业升级和自我革新，成为整个梅州文化产业的增长点，迎来客家文化的繁荣创新。

三、客家文化创意产品设计的思路

（一）做好市场调研

梅州地区客家文化资源丰富，但地处山区，如何把握市场动向，寻找到文化创意产品在市场上的需求点成为必须做足的功课。市场调研是文化创意产品设计开发的依托，是了解消费者购买意愿的基本方式，能够有效降低文化创意产品同质化的问题。做好市场调研工作，对客家文化创意产品进行准确的定位和全面的分析是客家文化创意工作的第一步。

（二）尊重产品的功能需求

好的产品设计从来不是矫揉造作的。一切好的设计都要首先满足功能的需求，文化创意产品也不例外。现在很多的文化创意产品就是将简单的图案用于日常用品表面装饰上，使得产品早已不再具有创新视角。设计要建立在对物的理解的基础上，产品造型设计的过程实质上也是"造物"与"创新"共同发展的过程。只有做到物品与设计的完美融合，浑然一体，才能通过形的表达、色彩的诠释，传达出作者对物的思考、对客家文化的情感、对文化创意产品的认知。文化创意产品设计不是一味地还原历史，简单地对文物做复制，而是要和日常生活联系在一起，兼具实用性与审美性。如今的消费观念和对文化的感悟方式已今非昔比，消费者更愿意接受参与性更强的体验式消费。使用文化创意产品的过程中，可以丰富消费者对文化创意产品的体验，使文化不再束之高阁，而是为我所用。客家文化创意产品要贴近生活，真正在生活中用得到，才会让大家有购买的欲望。要将以人为本的设计理念贯穿于客家文化创意产品设计的始终。

（三）科学提炼客家元素

当设计构思有一个基本目标方向的时候，就要对所需资源进行调研、采集、整理与分析。这些素材可以来源于客家物质文化，如客家建筑、生态环境、民俗服饰、生产农具、客家美食等；也可以是客家非物质文化，如客家民间故事、客家方言、客家习俗活动等。通过对客家文化资源的有效加工，使图像、符号等元素被提炼出来，融入产品设计当中。文化创意产品的核心是设计，缺乏创意和设计的文化创意产品注定是走不远的。客家文化创意产品要敢于尝试多样的表现形式，运用专业的艺术设计思维，合理选择设计元素，运用典型图像、多变的色调、精致的构图，巧妙组合，设计出风格迥异的产品，满足大众多样化的消费需求。客家文化创意产品还要根植于本土，有着鲜明的地域特征、深厚的文化意蕴。在突出客家元素的基础上，每件文化创意产品都能讲出背后的客家故事、传达客家精神，用公众易于接受的方式传播客家文化，通过客家文化与现代人的生活对接，通过"用"让普通人真实感受到客家气息。

四、相应的问题和思考

（一）文化创意产品不是传统工艺品

文化创意产品经常以旅游纪念品的方式进入市场。由于本土文化往往以旅游产业为依托，所以多数情况下，文化创意产品的销售和传统工艺品一起进入旅游纪念品行业。但文化创意产品和传统工艺品有着本质不同。传统工艺品是文化资源直接转化为市场价值的过程，而文化创意产品是从文化资源经过创意转化再变成市场价值的过程。前者属于"直接衍生"，而文化创意产品属于"创意衍生"。

（二）文化创意产品购买的动因

消费者对文化产品的情感需求是文化产品有价值的重要因素之一。文化创意产品也不例外，这也是文化创意产品与普通创意产品的区别。人们消费带有地域文化特色的文化创意产品，可以将当地的人文特色带回家里，这种情感上的需求是其他商品无法比拟的。因此，文化创意产品的背后的情感价值才是它真正的卖点。文化创意产品背后的故事，往往会给产品本身带来更多的特质，当下营销的关键是要会讲打动人心的故事。文化创意产品本身属于非必须消费品，购买文化创意产品属于感性消费，而感性消费只有触动消费者的内心，才能让消费者产生更多认同感，促成购买意愿。文化创意产品是一种心理层面的消费行为，如果无法在这方面创造价值，就没有市场竞争力。

（三）注重文化创意产品的营销推广策略

客家文化创意博览会在国内引起广泛好评，该展会为宣传客家文化和推广文化创意产品搭建交流平台，同时也为文化创意产品走向产业化发展创造了良好机会。文化创意产品通过博览会和设计大赛，让参展商认识客家文化创意产品并了解客家文化，并通过媒体的大量报道提升知名度，促进产品销售，获得广泛关注。此外，运用新媒体突破传统营销模式也十分必要。2014 年，故宫淘宝微信公众号刊登的《雍正：感觉自己"萌萌哒"》火遍了朋友圈，雍正皇帝一跃成为当时的热门"网红"。2017 年，一年之内，故宫淘宝销售额突破十亿。这些与他们前卫的营销玩法不无关系。通过创意的玩法，吸引消费者的眼球，达到广告销售的目的。

在我国制造业全面转型升级的当下，文化创意产业成为制造业一个新的增长热点。梅州文化创意产业依托客家文化的丰沃土壤，也面临着更多的机遇和挑战。全国文化创意产业市场潜力巨大，如何在文化创意产业如火如荼的当下，占据一席之地，让客家文化以文化创意产品的形式绽放新的姿态是梅州文化创意产业人不断思考的问题。从客家文化中汲取营养，找到市场的需求点，开发出更加满足功能需求、审美需求、情感需求的产品，让客家文化在更加广阔的土壤中传播，让客家情感在客家文化创意产品的连接中愈发浓厚。

第二节 云浮红色旅游文化创意产品设计

红色旅游是在红色文化传承过程中兴起的有效载体。作为红色旅游产业的核心内容，红色旅游文化创意产品承载着红色旅游的文化意义、教育意义和政治意义，在经济层面上还能进一步转化资源，创造出结合环境、社会、文化等多方面的综合效益。为了最大限度地体现红色旅游文化创意产品的价值，红色旅游文化创意产品的开发与设计应结合当地特色文化、旅游主题、地方工艺等要素进行创新设计。

习近平总书记明确要求"要把红色资源利用好、把红色传统发扬好、把红色基因传承好"，红色基因的延续传承是新时代增强文化自信的有效途径，红色文化传承具有重大历史价值和当代价值。

云浮地处广东省西部，在抗日战争和解放战争期间，中共粤中、西江、三罗地区党组织在云浮县组建秘密指挥机关、活动基地和交通联络中心，是中共云浮县组织开展革命活动的重要基地。在国家全力推行红色旅游这一时代大背景下，云浮红色旅游产业有了显著发展，红色旅游经济快速增长。但红色旅游创意文化产品市场发展滞后，各种问题凸显。

一、云浮红色旅游文化创意产品设计现状及问题

云浮地区环境相对封闭，经济相对落后。为降低成本，绝大多数红色旅游文化产品都是工业化生产、批发而来，市场上多见的是款式陈旧、风格雷同的小摆件、纪念章、雕像等物品。这些红色旅游文化产品在元素的选材上过于肤浅，内涵不足，缺乏对当地独特红色旅游资源的挖掘与提炼，对云浮地方文化的表现力不够，在产品设计上缺少创新和艺术性，设计简陋，包装廉价，不具备纪念价值。这类产品在市场上缺乏吸引力，无法获得消费者的青睐，更不要说激发消费者的购买欲了。

二、开展云浮红色旅游文化创意产品研发的必要性和重要性

在新时期，弘扬红色文化意义深远，大力推广红色文化创意产业势在必行。目前，云浮市红色旅游仍处在初期阶段，发展较为缓慢。相对其他成熟的红色旅游景区来说，云浮地区已开发的红色旅游资源大多采用传统的经营模式，仅作为参观接待的爱国主义基地而存在。既没有对当地文化内涵的深入挖掘，也没有相应红色旅游文化创意产品的品牌开发。纵观云浮全域红色旅游资源，具有红色文化的旅游纪念品较少，其开发与设计方面的理论与实践研究还处于起步阶段。所以，在红色旅游快速发展的同时，应促进红色旅游文化创意产品的研究与开发。

在中国，文化旅游逐渐上升为国家新兴战略产业，以红色旅游文化衍生品为核心的文化创意产业将成为未来旅游业的支柱性产业。云浮地区红色旅游资源丰富，要进一步发展本地红色旅游经济，促进本地文化旅游产业，就要在红色旅游文化创意产品的有效开发与设计研究上下功夫。应对云浮地区"红色文化"内涵及价值进行充分挖掘与剖析，结合其形成的背景、发展历程、社会价值进行创新创作，进一步加深对红色旅游文化创意产品的研发。

三、云浮红色旅游文化创意产品设计突破点

红色旅游文化创意产品设计是以红色精神为根基、文化传播为归宿的艺术创作。优秀的红色旅游文化创意产品应以大众市场为基准，浓缩和凝聚当地民俗风情、特色文化，根植于红色景区，以人为本，敢于创新，致力于红色精神的传承。

（一）红色旅游文化创意产品设计应体现纪念性

红色旅游文化创意产品的纪念性是其存在的基础因素。一方面，产品的纪念特性可以让旅游者重温旅游过程中的经历、体验与感受，同时激发旅游者"故地重游"的意愿。另一方面，产品的纪念特性体现在可以借物说史，以红色旅游文化创意产品背后的故事为依托，来表达对某一红色革命里程碑事件、某一红色英雄人物的纪念，以达到红色精神文化的有效传播。

（二）红色旅游文化创意产品设计应体现文化性

作为传承和发扬红色精神文化的物质载体，红色旅游文化创意产品的文化性是其存在的核心价值。红色旅游文化创意产品的存在既要带动当地旅游经济的发展，又要肩负起宣传和弘扬当地文化的作用。因而在对红色旅游文化创意产品的设计和开发过程中，不能把设计仅仅停留在外在造型上，必须注重其文化内涵的提取，从纵深处挖掘和探讨当地红色旅游资源的历史文化内涵，注重对当地革命历史文化的传承和发扬。结合云浮本地，可以提取"为民、担当、苦干、创新、奉献"的长岗坡精神进行设计创作。

（三）红色旅游文化创意产品设计应体现地域性

将地域文化与红色文化相融合，是当下红色旅游文化创意产品创新开发的新思路。通过提炼当地地域元素融入红色旅游文化产品的设计中，增强红色旅游文化创意产品的文化内涵与纪念价值，要开发出独具地方特色的红色 IP 文化创意产品。由于云浮红色旅游文化产品市场发展相对缓慢，在此种情况下，红色旅游文化产品的设计对地域文化的挖掘和文化符号的提取就显得尤为重要。一是要依托当地革命历史进程，着重表现当地人、事、物在中国革命历史进程中的红色革命文化、红色革命精神内涵。二要充分利用当地自然和人文资源，如利用云浮南江流域文化特征、传统石雕工艺、编竹工艺、云浮土特产等作为红色旅游文化创意产品的制作材料和设计灵感。

（四）红色旅游文化创意产品设计应体现时尚性

据调查，年轻人逐渐取代中老年群体，成为红色旅游的主力出游人群，相对来说，年轻的游客更青睐美观、超前、时尚的红色旅游文化产品，具有时尚性的红色文化创意产品更有利于红色文化的传播。红色旅游文化产品设计能否紧跟潮流，引领时尚，成为红色旅游文化创意产品市场的一大检验点。为了保证红色旅游文化创意产品市场的可持续发展，在红色旅游文化创意产品的设计研发中既要兼顾历史与现代、传统与时尚的有机统一，有效实现对红色历史的回顾与再现；又要顺应时代潮流，结合现代生产工艺，设计开发出迎合市场潮流、新颖时尚的文化创意产品，确保满足现代消费人群的购买需求。

三、云浮红色旅游文化创意产品设计思路

（一）坚持和而不同，灵活开发

云浮红色旅游文化创意产品遵循"和而不同，灵活开发"的设计原则，从云浮现有的红色文化旅游资源出发，努力发掘云浮红色时代优秀的人、物、事、魂，等元素。"人"是在革命时期为革命事业做出一定贡献的或是有一定影响的英雄烈士；"物"是革命时期具有纪念意义或代表性的物件，或是指革命原址和遗迹；"事"是指革命时期发生的具有极大影响力的历史活动或群体事件；"魂"则指革命时期涌现的革命精神即红色精神，如抗战精神、奋斗精神、拼搏精神等。从以上四类中提取具有代表性的元素，通过巧妙构思，结合专业设计手法，创造出具有现代化风格的红色创作素材，最终运用到形形色色的文化创意产品上。

（二）以地域特色文化为切入点进行创新设计

云浮拥有历史悠久、特色鲜明的南江流域文化。其独特的审美情趣主要集中在建筑、民俗、民歌等方面。这些都给云浮市的红色旅游文化创意产品提供了丰富的养分。在产品开发过程中，通过深入挖掘地域特色文化资源，可分别考虑将红色文化与当地地域文化中的"方言文化""饮食文化""建筑文化"等结合，充分发挥文化创意产品的艺术特性，发散思维进行创新创作。在云浮红色旅游文化创意产品设计中融合地域特色文化，既增强了云浮红色旅游文化产品的纪念性和艺术性，更有效地改变了当地红色旅游文化产品同类化、同质化的市场现状。

（三）立足实用性，进行系列化分众需求定位

在围绕红色旅游文化创意产品主题、确保产品实用性的前提下，根据不同的消费层次、消费需求对设计素材进行分众需求定位。例如在色调上可以以红色调为主，增加"绿、黄、蓝"等多种颜色，迎合不同的消费群体。同时确保商品设计的品类多样化，符合现代人的生活需要。在产品功能性上要涉及日常生活中吃、穿、用等各方面，形成系列化、等级化产品。在制作上使用纸、布、木、竹、柳、石、泥、瓷等材料，利用现代工艺技术来设计开发游客喜爱的红色旅游地特色文化产品。

四、云浮红色旅游文化创意产品设计手法

红色旅游文化产品设计是一项全面的系统工程，并不是单纯地在产品包装、样式上添加红色元素，而是要结合现代消费群体的消费观念，融合红色文化的精髓，以创新思维为导向，对红色旅游文化产品的内涵、外观、材质、用途等各方面进行全方位的调研和比较，重新定位，最大程度地让红色旅游文化产品的设计风格符合市场定位。

在设计手法上，为了表现出艰苦朴素的革命精神，红色旅游文化产品的设计应运用简约风格，在色彩上尽量摒弃浮夸的用色基调。同时在设计上要注意避免复杂奢华的装饰，要用简单而不简陋的设计语言传递艰苦奋斗的革命精神。

在设计过程中，可运用手绘设计，既保证产品的独特性与创新性，也避免了单调的图片印刷。在表现形式上，可以把各种立体或平面的卡通形象运用到设计中。通过其造型、表情、动作等来表现红色文化主题，有利于帮助消费者理解产品的文化内涵和打造红色旅游品牌。也可借鉴工业设计中的造型进行创意衍生，以某一特定纪念事件为中心，衍生出特定年代吃、穿、用的各种红色旅游文化产品。在材质上，可以以传统材料为基础，就地取材，结合云浮地区突出的石材、竹子等进一步实现材料工艺及造型的创新，做出其他地方买不到、见不到，有纪念意义和独特价值的文化创意产品。

五、云浮红色旅游文化创意产品设计创新点

（一）立足本土，因地制宜，特色创新

云浮历史悠久，人才荟萃，文化底蕴深厚，有禅宗文化、石艺文化和南江文化三大本土文化品牌，这些富有浓厚地域特色的文化，为红色旅游文化创意产品的设计开发提供了丰富的资源。通过挖掘地方特色资源，在设计中以突出本土红色文化特色为宗旨，将本土化特点和民族化风格融入红色文化产品中，分别从产品造型、功能性、创新性等角度融入云浮红色文化符号。同时，在产品设计理念、用料等方面结合云浮特色石材石艺进行综合创新，构建云浮地域特色的红色文化产品设计体系，形成具有地域特色的系列化、品牌化文化创意产品。譬如，被誉为"广东红旗渠"的云浮市罗平镇长岗坡渡槽红色景点这一红色景点，将敢为人先、攻坚克难的担当精神，求真务实、艰苦奋斗的实

干精神，牢记宗旨、无私奉献的为民精神融入红色文化创意产品设计中，进行石材微雕工艺品的创作。这样的产品富有浓郁的地方特色，充分利用了当地石材资源，既激发了旅游者的购买欲望，同时也宣传了当地的地域特色文化及红色文化。

（二）以人为本，提升品质，开发多样化、等级化产品

数据显示，2018 年 1 月至 5 月，在参与红色旅游的游客群体中，80 后和 90 后群体比例提升至 39%，00 后群体占比也大幅提升，同比增加六成。同时，亲子游成为红色旅游的重要组成部分。根据红色旅游群体的比例变化，云浮红色旅游文化创意产品设计要以人为本，根据不同的受众群体建立不一样的开发设计模式。针对青少年旅游群体，在产品设计上应体现时尚感和现代感，在产品包装盒外观设计上紧跟时代潮流和市场特点，以吸引青少年的消费欲望。如借鉴界面设计中对红色主题的有效植入、工业设计中的造型创意衍生等来开发系列文化创意产品。针对中年旅游群体，在设计中侧重精细加工和品牌化产品，包装上体现档次品位；注重产品所体现的"红色文化"精神内涵和艺术美感，提升整体品质。针对老年游客，产品设计要稳重朴素、质地优良，符合老年人的消费观念。

六、云浮红色旅游文化创意产品的推广与应用

（一）加强政府指导，发挥政府有效监管作用

红色旅游文化创意产品设计开发是云浮红色文化传播的新通道。云浮市政府积极建立健全红色资源保护管理机制，做好红色基因资源的普查调查、鉴别鉴定和科学梳理，对重点红色基因资源进行编辑整理、统计造册和分类归档依托高校和各级党校深入开展云浮红色基因学术研究，挖掘并提炼红色基因历史价值和精神价值，推出一批富有思想内涵、理论高度和实践价值的学术成果。敦促当地高校重视文化创意设计专业人才的培养，辅助云浮红色文化进行准确高效的传播定位。

（二）优化发展销售渠道，重视多重营销方式

进一步深化红色旅游文化产品品牌化创建，在红色景区及旅游景点开设专区进行陈

列展览。根据不同的目标市场选择不同的系列产品，并在产品规格、档次及款式上加以区分。优化品牌宣传方式和渠道，结合多种形式的互联网宣传促销，努力让红色旅游文化创意品牌成为当地红色景区及该区域红色文化的代表符号。

在"互联网+"时代，红色旅游文化创意产品销售呈现网络化、数字化趋势。红色旅游文化创意产品要在传统的营销模式和渠道下大规模开展网络分销，寻求多重营销方式，打开销售市场，提升知名度。利用发达的互联网营销模式，发展线上销售平台，结合现代营销中的体验、DIY（自己动手做）等模式，相互促进、相互补充，进一步开拓红色旅游文化创意产品销售市场。

随着红色旅游产业的快速发展，红色旅游文化创意产品的开发有着极为广阔的空间。因此，红色旅游文化创意产品创新设计与推广具有十分重要的意义和价值。通过对云浮红色旅游文化创意产品的研究、设计、开发，从而传承红色文化，弘扬革命精神。通过文化创意产品这个载体，让更多的人有机会了解广东省云浮地区的红色文化，使红色文化发扬光大。以红色文化旅游产业的发展，带动云浮经济的发展，实现文化和经济双丰收。

第三节 山西女红艺术文化创意产品的设计

山西是中华文明的重要发源地之一，女红文化源于我国古代农业社会的男耕女织。山西女红不仅体现出了地域的民族性，也是劳动人民对生活的表达和情感的寄托，是祈求美好愿望的载体。山西女红文化包括布老虎、面塑、刺绣等，本节对山西女红艺术特点进行归纳总结，通过新的形式与现代设计相融合，使山西女红文化得到传承和发展。

山西拥有丰富的民间艺术形式以及造型内涵，也有"华夏文明之摇篮"的美誉。女红也称女事，包括纺织、采桑养蚕、织造、缝纫、刺绣等。随着我国文化产业和旅游业的迅速发展，一部分的山西女红文化仍保持着原有的状态，为了更好地传承和发展，让传统文化以新的形式更好地融入当代社会，不仅要结合消费者的需求和喜好，还要使文化创意产品的设计体现整个社会的文化需求，紧跟时代的步伐。文化创意产品的设计不仅要以文化为基础，最重要的是以创意为核心。对山西女红文化的元素进行挖掘、梳理和创作，让更多的人了解山西传统女红文化。

一、山西女红的艺术特色

（一）山西女红艺术的图饰特征

不同的文化背景造就不同的文化习俗，山西不同地域的传统文化共同构成了山西女红文化艺术。在山西各个地方习俗的影响下，山西女红作品的风格也大不相同。

山西虎文化在中国有着悠久的历史，传统的民间布老虎造型是将现实中的老虎形象进行抽象提取，将五官形象进行夸张，将躯干及四肢进行收缩。眉毛运用了象征吉祥如意的云纹；眼睛大多以圆形、水滴的形状结合乳钉纹进行装饰；鼻子用的是鱼纹以及树叶纹样进行装饰；嘴巴大多以大见长，口带利齿，嘴角有胡须装饰；耳朵大多为花瓣形、灵芝形，象征着祥瑞。整个布老虎形象鲜活、造型夸张，显得很可爱。身上的纹样造型有叶片组成的旋风图案和不同花瓣造型的图案。

面塑又称"面人"，山西地区的面塑以造型精细、色彩艳丽为主要特征。面塑造型以立体和仿生为主，大多小巧精致，栩栩如生。山西面塑主要有动物、植物和人物造型，不同的造型有不同的寓意。其中动物造型面塑中有龙和凤寓意龙凤呈祥，老虎有驱邪庇佑之意，金鱼象征着年年有余、金玉满堂，还有一些蝴蝶等小动物的造型。植物造型面塑中有寓意"逃"的桃子，象征免灾，以及佛手、莲花、石榴、牡丹等象征着吉祥如意的花卉图案。人物造型面塑主要以"爬娃子"为代表，又称"辨不清"。主要由四个或六个娃娃组合而成，寓意多子多孙、世代繁衍。

山西刺绣以高平刺绣为代表，造型纹样大多来自日常生活或大自然景观，主要有植物纹样、动物纹样、文字纹样。动物纹样的选取有神话传说中的龙、凤等，还有象征着吉祥寓意的老虎、鱼、羊、喜鹊、蝴蝶等动物。植物纹样则是人们最为常见的牡丹、莲花、佛手、石榴等。文字纹样则是具有祈福寓意的福、禄、财、寿等。山西人民在日常穿衣等生活方面通过刺绣将他们的期许、寄寓和盼望发挥得淋漓尽致。将虎的造型元素运用到小孩子的日常生活中，驱邪避灾、纳福迎新，希望孩子可以像老虎一样虎虎生威。

（二）山西女红艺术的色彩特征

山西女红文化艺术以布老虎为主，民间艺人们在制作过程中有自己独特的见解，在色彩的冷暖对比、色相的律动与明暗变化上都有所注重。在强调搭配与调和不同的色彩时，主要颜色运用大面积的红、黄色配低明度的互补色青、紫色，不但在颜色的对比上更为丰富，也更有沉稳感。有些在材料上运用颜色鲜艳的花布来制作。辅助颜色有象征着高贵庄严的黑色、具有红色的艳丽又拥有紫色神秘感的玫红色、温暖明快的橘色、象征着理性和安静的蓝色、具有亲和力的绿色。山西面塑的色彩主要以暖色为主，主要的色彩在主体形状上进行点缀。色彩以红色、橘红色为主，淡粉色、绿色、黄色、蓝色与紫红色作为辅助色彩进行点染烘托。山西刺绣具有色彩艳丽、热情豪放的艺术特点。色彩主要运用三原色红、黄、蓝为主，黑色、白色为辅。红色代表着红红火火，是喜庆的颜色，黄色象征着丰收，绿色代表春天。整个色彩组合绚烂雅致具有浓厚的乡土气息。

二、山西布老虎文化创意产品设计

（一）文创产品设计的思路

文化创意产品的开发不仅仅是文化和创意的成果，更重要的是要求技巧和便利。以山西女红文化中布老虎的文化创意产品设计为例。在了解了山西女红文化后，将老虎的元素与其他文化相结合。主要切入点是"山西布老虎"，将山西布老虎作为媒介，对山西省各个地方不同形态的布老虎进行提炼，以新绛双头虎、长治黎侯虎、芮城鱼尾虎、晋中昔阳虎、万荣虎和侯马虎为原型，分别总结出不同造型、不同色彩的正面虎、侧面虎和虎头娃娃。

为了可以让更多的人了解山西传统的女红文化，将其与现代设计进行结合，收集山西虎文化元素的作品、图片，阅读相关的资料文献，对其中的元素进行提炼、分析、总结，从而设计出一套具有创新性、潮流的文化创意产品。

产品的创新设计分为两部分，其一是以刺绣与布老虎的元素为基础提炼出六个地域不同形态的布老虎，结合手工缝制六种样式的"虎"香包。在五官的设计中进行夸张重构，扩大五官的对比，更显得生动、威风。整个色调以蓝色底的棉麻布为主，与新材料不织布与羊毛毡相结合。不织布的小挂件，用色鲜艳，在原有的色彩上进行大胆创新，其中结合羊毛毡凸显立体的五官造型。其二是在结合虎文化的传统背景下，设计出具有代表性的作品，与娃娃相结合设计出各地域最具代表性的布虎帽和海报。他们的神态大多表现得活泼、可爱，这样就更加贴合于布虎文化。侧身虎则注重形体及身上的纹饰设计，将象征着吉祥如意的鱼纹运用到鱼尾虎中。民间一直有着虎福相依的说法，"虎"代表"福气""纳福"等，在设计中将代表着这些美好寓意的元素，如牡丹纹、卷草纹、莲花纹、云纹等进行再设计后与布虎相结合。整个设计加入了蛇、蜈蚣、蝎子、蜘蛛、壁虎等五毒的造型设计，代表着人们希望老虎可以驱邪避灾。对整个布虎的色彩重新搭配艳丽的颜色，如在底色的选择上选用比常规绿色浅的嫩绿色为底，大胆地搭配蓝色、玫红色等。既要使整个布虎拥有全新色彩构成，也要让整个画面搭配稳重、统一。

（二）文化创意产品的运用

文化创意产品一定是个性的、独特的创造，甚至是多文化交融的产物。随着科技的进步、时代的发展，人们对现代生活的需求也在逐渐改变。跟随产品的发展热潮，对山西布虎文化进行创新设计，并运用到人们的日常生活中。

产品设计的主要运用分为三大类，其一是以虎头造型为主的手工艺创新设计，可以更直观地展现出布虎的威风神态，如布虎香包、布虎挂件、收纳包等，采用不织布、羊毛毡、棉麻布、绣线等一系列手工材料进行组合。不织布与虎元素结合制作电脑内胆包、卡包、文件夹、挂件、香包等一系列布老虎手工文化创意设计，使其成为新的载体。不仅传承和保护传统文化，也使传统文化得到了创新。

其二是对布虎形态特征的二次设计，运用计算机软件绘制设计稿，结合传统文化习俗设计表现不同民俗性的插画海报，提取元素运用到抱枕、衣服、徽章等具有实用性的产品上。

其三是将虎头娃娃的元素结合成语等进行文字性搭配，重新排版运用到明信片、书签上，让人们更直观地了解山西女红文化。它不仅是文化的传承，也是时代的新潮流。

传统文化手工艺的继承和发展由于时代的繁荣和人们思想水平的提高而受到限制，一部分的手工艺还保持着原有的状态，原有的文化衍生品不能满足当代人的审美需求。山西省女红必须保留其独有的手工技艺，并且结合新的设计手法来创造迎合大众审美需求的文化创意产品。本节主要根据山西女红的现状，探讨新设计、新方法，希望山西女红文化创意产品以一种全新的形式融入人们的生活。历史、传统不是死板的，它们必须涌入新的生气。只有深入当代社会的生活之中，传统文化与时代、时尚形式贯穿在一起，才能让传统文化不断拥有生机，使它与当代人的情感间隔缩短。

第四节 甘肃地域性文化创意产品设计

当前，文化创意作为文化再造与创新的文化现象，是由文化为基础结合不同的思维模式、认知基础、科技手段创造出新的、以满足生活中使用价值、精神价值与文化价值的设计服务项目。在文化与旅游融合发展的背景下，对甘肃地区主要的文化创意产业与文化创意品牌进行调查与研究，同时对现有甘肃地区文化旅游市场的文化创意设计产品进行分析，在丰富的历史文化资源的背景下，提出将地域文化特色融入文化创意产品设计中，优化、创新、总结设计方法以加强设计产品与现代生活的联系，有利于增强消费者对甘肃地域文化的认同感，同时扩大甘肃地域文化的影响力，通过创意设计进行地域文化的传承与发展，让文化创意产品设计成为甘肃地区文化旅游发展的新动力。

甘肃省作为古丝绸之路上的"黄金段"，具备丰富的历史文化资源，如始祖文化、丝路文化、农耕文化、少数民族文化等特色文化资源。如何有效地保护文化资源并传承文化资源对甘肃地区的地域文化可持续发展具有重要的研究价值。文化优势是最根本的优势基础，是最难以替代和模仿的、最核心的竞争优势。地域文化特色是一个地区未来发展的核心竞争力。甘肃文化创意产业发展水平与全国总体水平相比，具有一定差距，应依据甘肃文化创意产业发展的实际情况，充分挖掘甘肃丰厚的文化资源，综合利用丝绸之路"黄金段"的地域优势，抓住新经济发展战略的重要机遇，谋划甘肃文化创意产业跨越式发展之路。

2016 年，甘肃省人民政府办公厅印发《甘肃省"十三五"文化产业发展规划》，提出加快培育新兴文化产业，建设一批文化创意及设计服务产业孵化基地，推动文化创意产业集聚发展，打造文化创意及设计服务平台，加快文化创意及设计服务产品的生产、交易和成果转化。加快文化创意设计与其他设计服务业的有机融合，推动文化创意及设计服务业向价值链高端延伸。同年，在《关于推动文化文物单位文化创意产品开发的实施意见》中明确提出，充分利用甘肃省丰富的文化资源特别是文化文物单位馆藏文化资源，运用创意和科技手段，以谋划和实施项目为途径，以建立完善工作机制和激励机制为保障，试点先行、逐步推开，树立品牌、加快发展，使文化创意产品开发成为推动文化旅游产业发展的新引擎。2018 年，甘肃省人民政府办公厅印发《甘肃省文化旅游产业发展专项行动计划》，计划到 2025 年，基本建成文化旅游强省。文化旅游产业成为甘肃我省绿色发展崛起的支柱性产业。

一、甘肃地域性文化创意产品的设计价值

丰富的地域文化资源是文化旅游产业发展的基础，而这些地域文化特色资源最佳的传播载体就是文化创意产品。作为文化传播的载体，文化创意产品应具有实用价值的本质要求，不能仅仅具备装饰性的审美特征。是否具备设计的体验价值成为区别传统产品和文化创意产品的有效办法。例如，甘肃省博物馆文化创意设计中心将馆藏文物通过文化创意与现代生活相融合，在凸显文化价值的同时，与使用价值协调统一，打造出蓝莲系列、彩陶系列、铜奔马及珍品文物等三十多个系列五百多种独具特色的文化创意产品，对甘肃优秀传统文化的转化与传播具有非常重要的意义。

在文化创意产品设计的实践过程当中，只有带来最佳设计体验感受的产品才能从众多的产品当中脱颖而出。创意设计产品的体验结合情感化设计，为体验者实现从功能到情感共鸣的价值需求，以达到创意设计的最终目的。还原体验者使用创意设计产品的场景来挖掘用户的体验需求，是提升创意设计体验价值的有效方法。

甘肃地域文化内容与形式丰富多样，有数千年灿烂辉煌的彩陶艺术文化，集建筑、雕塑、壁画三位一体的敦煌艺术文化，中原与西域交流融合的丝路文化与丰富多彩的少数民族艺术文化等。在文化创意产品设计前期梳理文化特色并合理运用，不仅可以彰显甘肃地域文化特色，传承创新的内涵与意义，而且还能够赋予产品更深层次的地域文化内涵。通过文化创意设计不同的表现形式以唤起人们的回忆和向往，为文化创意产品增加地域文化特色的文化认同感，是弘扬优秀中华传统文化的有效办法。

二、基于甘肃地域文化的文化创意产品设计分析

深入挖掘并梳理甘肃的地域文化，总结甘肃地区地域文化特色，将文化内涵、精神

内涵等元素提炼，优化创意设计，将其转化为设计要素，使得文化创意产品设计成为文化保护与传承的载体，为更具特色的甘肃文化创意产品设计奠定坚实的文化基础。

（一）视觉化的文化创意产品设计

文化创意设计的核心因素是文化，通过创意设计对其进行更深层的文化解读。地域文化的视觉化设计就是将地域文化特色的形式和内涵以视觉化的形式进行整理，目的是将复杂的文化体系图形、图像化，更加容易让大众理解、接受，以达到传承传播的目的。通过不同形式的视觉化表现，对地域文化特色进行梳理分析，选择合理的视觉化表现形式，准确有效地进行创意设计，提高文化创意产品设计的文化信息含量与文化附加值。在满足大众审美的基础上，结合形式更为丰富的视觉化效果，在创意设计的造型、包装、色彩、结构等环节突出地域文化特色，开发以图形、图像、图案等直观感受为基础的设计元素，与结合地域文化特色生活方式的产品设计相结合，突出产品功能的前提下体现地域文化特色。

（二）审美化的文化创意产品设计

文化创意产品设计的审美认知正成为文化创意产业未来发展的重要组成部分，在产品创意设计调研的过程中，功能与审美是产品的核心竞争力。对文化创意的审美价值体验是重点参考的核心因素，主要体现是在创意的活动中发现并创造新的审美趣味和审美价值。首先，大众化审美成为社会审美趋势，现代媒体对生活方式的影响，使得大众的审美需求越来越高，在参与性与主动性大大增强的前提下，对有地域文化特色的文化创意产品设计而言，这种转变使大众对文化创意设计的审美价值关注度提高，有大众审美需求的消费行为成为大众日常消费升级的核心影响因素。其次，多元化设计在文化创意产品设计中也不断地满足不同需求的消费者的审美要求。不同类型的设计手段与设计效果，都是为体现多元化的地域文化特色。文化创意的多样性和包容性，提供给消费者更多审美体验的选择性，以达到更好的情感共鸣。最后，产品设计终端与消费者更好的体验是分不开的，所以细腻、完整的体验感受对文化创意产品的设计来说就显得很重要。对地域文化的解读、特色的分析、特色的设计、设计产品的使用等环节都是为消费者丰富体验过程的重要因素，好的创意产品设计为更多的消费者讲好地域文化故事，让消费者体验地域文化的生活方式、理解并认同地域文化的特色，能够体现创意设计的核心审美价值，最终达到弘扬优秀传统文化，从而促进经济发展和社会消费升级的目的。

（三）情境生活化的文化创意产品设计

对有地域文化特色的文化创意产品设计来说，其最大的意义就在于让优秀的地域文化特色内涵能够融入日常使用的产品中，使每一位消费者在使用产品时，能用一种更加轻松、有趣的方式去解读地域文化特色的内涵，传递一种有文化追求、积极向上的生活态度。情境生活化设计指产品、人、环境三者间的互动关系。文化创意设计不再只是对物体本身的设计，而是"人与物""人与事"间和谐关系的设计，设计只有处于地域文化背景、人、产品组成的情境系统中才能实现其功能和精神意义。在实际消费的过程中，消费环境、消费意愿等因素会让消费者产生各种主观因素的感受，这种感受来源于对地域文化的认知或认同。在文化创意设计中应该将地域文化特色转化为元素，结合产品的功能，丰富产品的文化内涵，通过对地域文化认知、认同、联想等主观感受，唤起消费者情感，以增加产品的吸引力。

综上所述，甘肃地域文化是文化创意产品设计的资源宝库，是甘肃地域性文化创意产业发展的重要基础。以甘肃地域特色文化为切入点，运用文化创意产品设计的方法，通过视觉化、场景化、体验式的感受，结合现代人的审美要求与实用本质，探索并建立以甘肃地域文化为特征的文化创意产品的设计体系，不断发掘设计价值，从地域文化中找到现代文化创意产品的设计灵感，使甘肃地域文化特色在文化创意产品设计实践中得到传承和创新，使中华优秀的传统文化不断发展和传播。

第五节 雷州半岛海洋文化创意产品的设计

海洋综合开发的核心内容是海洋经济、海洋科技问题，说到底是文化问题，是怎样认识和把握海洋文化的本质、发展海洋文化的问题。因此，为了更好地弘扬海洋文化，有必要对地域海洋文化进行设计研究，而将海洋文化应用到创意产品的设计中不失为一种新的海洋文化传承途径。

一、雷州半岛海洋文化及其特征

（一）雷州半岛海洋文化

海洋文化是人类与海洋的互动关系及其产物，即人类对海洋本身的认识、利用和因海洋而创造出来的精神的、行为的、社会的和物质的文明生活内涵。雷州半岛位于广东省西南部，是我国古代"海上丝绸之路"的起点之一。在雷州半岛上产生、形成的雷州文化，源远流长，是古人智慧的结晶。雷州半岛海洋文化是人们认识、把握、开发和利用雷州半岛海洋资源活动中产生的物质财富和精神财富的总和，具体表现为人们对雷州半岛海洋的认识、思想观念、意识、心态，以及由此而生成的海洋型生活方式和海洋型开发利用方式。

总体上看，从不同的角度可将雷州半岛海洋文化分为雷州半岛海洋生物文化、雷州半岛海洋商贸文化、雷州半岛海洋民俗文化、雷州半岛海洋农业文化、雷州半岛海洋生态文化、雷州半岛海洋饮食文化等。如由雷州石狗、吴川飘色、东海岛人龙舞、傩舞等组成的雷州半岛海洋民俗文化在中国文化中独树一帜，独具地域特色，其海洋文化内涵丰富。可以说，雷州半岛海洋文化在某种程度上推动了广东海洋经济的发展，更为我国发展成为海洋强国做出贡献。

（二）雷州半岛海洋文化的特征

雷州半岛在生活、生产等活动中均不同程度受到海洋的影响，同时由于雷州半岛海洋文化在历史发展的过程，受到中原、岭南、楚越等地域文化影响，因此，雷州半岛海洋文化除了具有海洋文化的一般特点外，还具有自身独特的地域海洋文化特征，大致体现在几个方面：第一，多样性。由于雷州半岛早期移民、海上丝绸之路等历史演变和发展，使得雷州半岛海洋文化资源丰富多彩，形式多样，大致包括雷州半岛的海洋民俗、海洋饮食、海洋生物、海洋农业、海洋贸易、海洋宗教等方面。第二，融合性。雷州半岛海洋文化囊括了岭南、中原等地域文化，还涉及农业、贸易、民俗、制度、生产生活等物质和精神层面，其文化体系内涵更具融合性。第三，地域性。雷州半岛海洋文化是中国半岛文化、岭南文化等文化结构体系的重要组成部分，因三大半岛之一的雷州半岛地域而更具特色，其海洋文化的发展受到雷州半岛这一独特地域上的人们的生产方式、生产力水平等影响，打上了深深的地域烙印，其地域特征更加明显。第四，海洋性。相对于陆地文化，海洋文化是人类围绕海洋而缔造的一种文化形态。在雷州半岛区域，人们的饮食、生活、起居、娱乐、建筑、工作等均同海洋息息相关，雷州半岛海洋文化同海洋紧密相连，所以，海洋性是雷州半岛海洋文化的主要特征。

二、雷州半岛海洋文化创意产品的设计方法

对于一些悠久、丰富的地域文化，可以通过相应的设计方法，使它得到传承，最终实现可持续发展。因此，雷州半岛海洋文化创意产品的设计，也可以尝试通过如下方法进行探索，开发设计出一些兼具实用性和艺术性的文化创意产品。

（一）生态设计法

生态设计也称绿色设计，强调保护地球环境，节约资源能源，追求人类社会中人类、地球、能源等多维度的可持续发展，其原则是 3R，即 Reduce（减量化）、Reuse（再使用）和 Recycle（再循环）。绿色设计始终将绿色意识融入设计理念、设计选材、产品使用和售后维修等全过程中，是工业设计发展的趋势之一。对于雷州半岛海洋文化特色的创意产品设计而言，应充分利用雷州半岛的海洋民俗、海洋生物、海洋生态等相关海洋文化资源，就地取材，选用相关天然海洋材料，如蚝壳、贝壳、湛江红土等，进行创新设计。蚝壳是完全无污染的天然材料，可用来做建筑用材、装饰工艺品及工艺品原料等。在市面上，已有通过创新设计的方法，将蚝壳设计成纽扣、吊坠、花篮等，这些创意产品全部采用蚝壳等材料，天然环保，无污染，大大增强了创意产品的地域性、独特性、纪念性和环保性。

（二）仿生设计法

在当前工业设计研究中，仿生手法多种多样，如形态仿生、肌理仿生、质感仿生、结构仿生、功能仿生、色彩仿生和意向仿生等。生物在一定自然条件下所表现出的生存状态和过程称为生物形态。而形态仿生是仿生设计中最为常用的手法之一，其仿生对象大多为动植物等生物体，通常适用于交通工具、文化用品、家居用品、服饰配件等领域

的设计，具体可表现为选择同设计物的操作方式、形态语意、放置方式、结构部件连接、内涵特征等具有某种相似性、相关联的生物体态特征进行具象的直接借用或抽象的变形结合。无论是具象的还是抽象的形态仿生设计，在保证产品功能性的同时，往往能使设计作品更具趣味性、艺术性和文化性。这种设计方法为产品形态、色彩、结构等方面的多样化提供了丰富的选择，进一步增强人、产品与自然的联系。因此，在开展雷州半岛海洋文化创意产品设计时，可对所选仿生对象的结构、色彩、肌理等展开分析，充分利用仿生设计法，设计出既有趣味性、艺术性，又兼具实用性的文化产品。

（三）数字设计法

随着现代信息技术的快速发展，数字化技术已渗透到人类社会经济、政治、文化生活等各个方面，已不仅限于传统的数字信息存储，还涉及信息、心理等各学科，包括相关信息的数字化展示、数字化模型、数字化仿真等。数字化设计方法是信息技术发展的产物，是一种技术手段，更是一种文化研究方式。对于文化创意产品设计，数字化不失为一种有效的手段。具体来说，基于雷州半岛海洋文化的创意产品设计，可通过数字化合成、数字化模型构建、数字化仿真、数字化互动体验、数字动画、数字展示、数字影视等创新表现形式来完成。对海洋文化和元素进行分析，采用数字化设计方法多维度地呈现雷州半岛海洋文化，以进一步传承和弘扬海洋文化，增进人们对雷州半岛海洋文化的认识和理解。

（四）移植设计法

设计中的"移植"在物理意义上指的是替代的概念，而在设计的更深层意义上指的是文化移植。文化移植即通过对相关文化进行特征分析，提炼其文化元素，并运用相应方法将其转换成设计符号，最后在各类创意产品中呈现出相应的深层次文化内涵。雷州半岛海洋文化资源相当丰富，其中的民俗文化更是多彩且独具特色，如雷州石狗、吴川泥塑、东海人龙舞、雷州歌等。在各类创意产品设计过程中，如能系统、深入地挖掘这些海洋民俗文化的内涵与海洋文化特征，精准提取相关造型、色彩、空间、材质等视觉化符号信息，通过情景化、故事化、系列化的叙事手法，用合理的表现形式去呈现其文化内涵，那么这些创意产品将更能体现雷州半岛独特的海洋文化，突出其浓厚的文化地域性与文化价值，也将大大增强产品的文化内涵。

（五）叙事设计法

"叙事"就是一种对故事的表达论述，也是人类的一种基本表达方式。而叙事设计是指将设计的对象、目的、限制等各种因素以叙述的方式整合表达，包括重新定义因素间的联系，以实现设计作品的一种设计方法。叙事设计既要充分考虑产品的物质功能属性，又要充分考量其精神功能属性，才能满足用户对产品的物质功能需求，并传达出一定的情感。所以，在进行雷州半岛海洋文化创意产品开发设计时，应该深入解读雷州半岛海洋文化的主题性内涵和人们的情感需求，将创意产品通过某种历史、故事等情境把产品和用户关联起来，赋予创意产品深厚的地域文化特征与独特的情感体验，使得创意产品在满足基本的物质功能的同时，兼顾产品精神内涵的传达，赋予产品灵魂，实现用户在心理和情感上的共鸣。

（六）功能技术创新法

工业产品同艺术品的区别之一在于设计作品本身的功能性，艺术作品的功能更多强调的是创作者个体的意识、精神、艺术追求和艺术作品的精神层面功能，而工业设计产品的功能除了精神层面的功能外，更重要的是其物质层面的实用性功能。如椅子的功能既包括家居装饰功能，又包括支撑重量、供用户坐的实用功能。文化创意产品设计的领域十分广泛，既有以精神享受为主的产品，又有以实用性功能为主的产品。从文化的传承与发展视角出发，其承载相应文化内涵的产品载体应该具有更多的实用性功能，只有如此，才能普及到更多的产品用户。而实用物质功能的实现大多依赖于产品所选用的材料和技术，所以，雷州半岛海洋文化文化创意产品的设计应该充分从雷州半岛海洋文化传承的广泛性和可持续性出发，注重所选文化创意产品载体的功能和技术创新。而这样的一种功能技术创新设计方法，可以通过创意产品的功能组合、功能嫁接、功能替换、材料替换、材料结合、技术植入等来实现。

三、雷州半岛海洋文化创意产品设计实践

人通过生产向自然环境索取生活资料得以生存发展，而生产始于设计，也决定于设计。因此，对于丰富的文化资源，有必要进行设计探索。以比较典型的贝壳、鲸鱼、墨

鱼等海洋生物为例进行创意产品设计。为了使最终的创意产品能够展现相应海洋文化所具有的符号和文化内涵，让用户在欣赏或使用产品的过程中感受到产品的相关意义，增加人们对海洋文化的理解，在设计前期对三种海洋生物的造型、结构、色彩进行分析。同时，结合产品的关联性、联想性等特征进行相关创意产品载体的思考，最终选择梳子、肥皂盒作为设计载体来表现相关的海洋文化。在具体设计时，采用仿生设计等创意方法进行数字化创新设计，在具体设计过程中根据设计需要，选用写实法和简化法进行海洋生物造型元素的提取。

理想的产品设计，应是对产品功能、形态、色彩等要素进行艺术创造表现，它可以满足人们物质功能与精神审美的双重需求。而海洋文化创意产品的设计，关键在于对海洋文化内涵进行解读，对相关海洋文化元素进行提取，转换成相应的设计符号。因此，在进行海洋文化创意产品设计时，要充分理解海洋文化的特色，研究创意产品的创新设计方法，选取相对适宜的设计载体，切实突出创意产品的实用性和附加价值，增加创意产品的文化性，以更好地实现对文化的解读、传承与弘扬。

第六节 天水区域特色文化创意产品设计

随着文化创意产业逐渐成为文化产业新业态，文化创意产品也成为炙手可热的消费品。区域特色文化创意产品的设计与制作则是以独特的民族文化元素为基础，通过对天水区域文化内涵与特色的挖掘，运用现代创意设计理念，结合现代材料进行传承与创新，生产能够满足人们精神文化需求和消费需求的产品。

一、天水区域特色文化概述

（一）天水区域特色文化的内涵与价值

天水历史底蕴深厚，伏羲文化、大地湾文化、秦文化、三国古战场文化与石窟文化塑造了天水地域文化的特色。伏羲文化的内涵主要体现在始画八卦、发明网罟和制定婚姻制度。始画八卦用于认识万事万物，使人类社会逐渐走出蒙昧时代，开启了通向文明时代的道路。发明网罟用于捕鱼打猎，带来生产力的大飞跃，关乎人的生存。制定婚姻制度用于规范两性关系，使两性关系脱离了动物界，关乎人类延续后代。伏羲文化主要内涵的价值具有根本性、普遍性和永恒性等特点。

（二）文化开源

传说伏羲始画八卦，开启了我国民族文化之源。《周易》《史记》等典籍分别记载了与伏羲关系密切的"河图洛书"和八卦，伏羲"一画开天"开启了中国传统文化的先河。传说伏羲确立了天文历法、发明网罟、教民渔猎、造琴瑟、养六畜以充庖厨、做音乐等等，均反映了伏羲在汉族文明和文化初创时期的巨大贡献。伏羲八卦中所蕴含的"天人谐和"的整体性的思维方式和辩证法的思想，是中华民族思想方式的基础。

二、天水区域特色文化的现代解读

（一）八卦文化

伏羲始画八卦，开启了中华民族文化之源。伏羲八卦又称先天八卦，首先是太极，其次是两仪，最后是八卦。从而衍生出中华易学与玄学文化，在中国传统文化中产生了巨大影响。

（二）图腾文化

伏羲首创的龙文化，成为维系中华民族精神的纽带，是中华民族的民族精神和民族感情的集中体现。伏羲代表的龙图腾是中华民族的象征，图腾文化是人类历史上最古老、最奇特的文化现象之一。

（三）彩陶装饰文化

中国传统装饰从最初的原始符号、装饰纹样、装饰图案、传统纹饰、彩绘等开始逐渐走向成熟。甘肃被誉为"彩陶之乡"，甘肃天水秦安大地湾彩陶遗产文化不仅是我国古代文化艺术的瑰宝，在中国乃至世界彩陶遗产文化中也占有重要的地位。

三、区域特色文化创意产品设计路径与策略

（一）区域特色文化创意产品设计路径

1.直接运用区域特色文化元素符号

在文化创意产品设计中直接选用以伏羲八卦文化为元素的造型及纹样作为设计基础，结合创意产品设计要点、原则和设计要素，结合文化创意产品的功能进行创新设计。例如运用太极八卦纹样进行图案纹样设计或将其文化元素进行深入挖掘，这既是对伏羲文化的直接借用，又是将传统与现代设计的有机结合，从而形成新的文化创意产品的装饰性图案。

2.提取与重新构建区域特色文化元素

通过采用象征性手法或抽象性设计对区域特色文化元素符号进行提取与重新构建。利用传统的文化设计元素，结合造型规律，充分挖掘区域特色文化的内涵和特色，将区域特色文化元素加以提炼、整合和重新组织，再融入现代的设计元素和审美理念，运用现代材料和制作工艺，把区域特色文化通过重新设计以另一种民族特色的创意产品呈现，运用现代的设计元素对区域特色文化进行深入挖掘，重新阐释传统文化的精髓，最终创作出独具文化特色的文化创意设计作品。

3.诠释区域特色文化创意产品设计的内涵

以区域特色文化为基础的文化创意产品设计注重产品的装饰和功能。在设计中应尊重自然、表现人与自然的亲和关系，追求天人合一的境界和对立统一的规律。天水区域特色伏羲文化、图腾文化是中华民族多元一体格局中的核心文化，是中华民族的根文化。通过挖掘、开发、研究、宣传区域特色文化，弘扬伏羲的首创精神，为构建和谐社会提供有利的精神支撑，具有十分重要的价值和意义。

（二）区域特色文化创意产品设计策略

1.全方位展现丰富多彩的区域文化内涵

文化创意产品承担着传播区域特色文化的作用，是沟通文化创意产品设计和消费者的桥梁与纽带。文化创意产品的文化属性决定了其设计的形式区域特色文化的内涵，换言之，就是我们通常说的文化植入。文化创意产品中的文化植入是通过以对区域特色文化深层次的挖掘，运用不同的表现形式进行文化创意产品。

2.美观性与实用性并重

文化创意产品和其他一般的产品存在较大的分别，其中一个重要区别就是其审美性与实用性的融合。文化创意产品的美观性是提高消费者购买欲的首要因素，外观精美并制作精良的文化创意产品能使购买者产生强烈的消费欲望，以获得精神上的满足，从而能够刺激文化创意产品的消费。

3.传承与创新相结合

传承是继承传统，创新则对一个国家和民族而言是其进步的灵魂。对文化创意产品设计的创新，也是提升产品生命力的保障。以区域文化创意产品设计而言，既要满足一般文化创意产品设计中创意和高科技结合，又要以弘扬区域特色文化的传承和文化内涵的挖掘为文化基础资源。这样才能有独特的个性与地域的特征文化创意产品，进而刺激消费者的购买欲望。

4.产品系列化设计

针对一些产品进行系列化的设计构思，有助于设计者形成系列化设计理念和创意思想，更有利于文化创意产品的推广和市场化管理，还方便消费者在购买商品时的选择。这就需要文化创意产品设计者对区域文化不同主题和设计元素进行高度的提炼和概括，充分运用文化创意产品设计中不同的材质质地、造型设计、色彩设计及功能设计等做出具有关联性的系列化产品。

"越是民族的，越是世界的"，这句话不是没有道理。文化创意产品是民族文化传承创新和大众载体的物化表现，也是对传统文化的传承与现代设计之间有机融合的表现形式。中国传统文化源远流长，从原始的图腾到现代建筑都传达着艺术的文化历程。文化创意产品的设计师们会更多关注中国传统文化的传承和区域特色文化应用，意识到本土文化的重要性和精华所在。因此，中国传统文化元素和特色文化传承是文化创意产品设计中一个不可缺少的主题，其运用并不是简单的罗列堆砌，它是推陈出新的设计，是追求一种新的意义上的中国风，一种永恒的中国创造精神。

第四章 博物馆文化创意产品的开发设计

第一节 博物馆文化创意产品的开发设计

根据当前我国博物馆文化创意产品的实际发展情况分析，其产品特征大致包括四个方面，依次是创新性、传播性、独特性和特殊性，因此有关人士在研究设计博物馆的文化创意产品时，要注意物质产品是文化的主要载体，这涉及人员的创新能力，要设计出来的文化创意产品使人容易接受，促使人们了解产品背后的文化故事，从而充分发挥博物馆的教育职能。本节主要研究博物馆文化创意产品开发设计创新思路的重要意义。

一、博物馆文化创意产品开发设计的创新原则

（一）注重在文化创意产品中融入日常美学

当前，部分博物馆在运营过程中倾向于复制收藏品，因此导致文化创意产品过于单一并且不具备新颖性，导致文化创意产品的使用价值严重降低，与此同时，文化创意产品自身的美学也不能有效体现。消费者在购买此类型文化创意产品之后，往往将其束之高阁，不能有效利用。这样一来，在一定程度上制约了博物馆文化创意产品的研发工作。

（二）传播独特的文化

众所周知，博物馆文化有效体现了馆藏文物的文化特征，除此之外，博物馆还应该注重传播本民族文化、地域文化、国家文化等内容。在此过程中，博物馆可以通过开发

设计文化创意产品的方式，体现博物馆的文化内涵，使人们能够充分感受博物馆的文化价值。

（三）塑造品牌个性

在众多文化创意产品中，鉴于博物馆文化创意产品的特点，设计人员在进行设计工作过程中不但需充分结合当前的市场情况，还需有效结合本地特色，最终才能够塑造出契合博物馆特点的全新品牌，为文化创意产品设计的后期开发和推广打下了基础。在此过程中需要注意的是，当博物馆借助文化创意产品走向市场时，需要对市场品牌理念进行全面了解与学习，以便能够制定出符合自身发展的品牌推广策略，使博物馆品牌个性化发展。

二、博物馆文化与创新产品的创新策略

博物馆文化创意产业作为我国新时期的重要文化产业传播方式，大大缩短了广大受众和博物馆之间的距离，以新形态履行了博物馆自身的公共教育的职责，让广大受众充分地感受博物馆所特有的人文魅力。在当前文化市场中，博物馆文化创意产业想要长期健康地发展，需要对产品设计不断创新。由此，本节从以下内容对博物馆文化创意产品开发设计工作进行论述。

（一）更新文化创意产品的开发理念，创新文化产品的管理模式

相关设计人员在设计博物馆文化创意产品时，需要不断吸纳新理念和新技术，并积极借鉴国外许多发达国家的管理模式，利用博物馆自身多元化的优质资源，提高文化创意产品的实用价值。除此之外，相关管理部门应该不断完善管理模式，以实现效益为原则，使博物馆文化创意产品在发展过程中能不断获得新活力。最后，还要学会借助社会力量，积极处理在文化发展创新设计工作过程中资金短缺的情况，从而推动产品设计工作有效进行。

（二）重视政策引导，完善相关法律法规

众所周知，良好的经济政策可以有效推动文化创意产业的不断发展，基于此，博物馆在发展过程中为了促进文化创意产业向前发展，就需要制定并完善发展策略。而在此过程中，首先有关部门就需要根据当前市场经济形势，以及博物馆文化创意产业的发展现状，完善相关法律法规，为文化创意产品的设计开发和市场发展提供保证。其次，博物馆在运行发展过程中需要重视文化创意产品的设计开发工作，关于产品开发设计工作可以建立完善的考核机制，调动设计人员的工作积极性，为文化创意产品的开发设计工作创造良好的工作氛围。

（三）对博物馆文化创意产品形式的创新

产品是由一定结构和物质材料所组成的，具有一定功能的实体，根据当前我国产品的主要生产方式来看，大致分为工业产品设计和手工产品设计两种，工业产品设计又包含了许多内容。因此，博物馆如果想要在当前产品种类繁多的文化市场取得一席之地，就必须充分考虑消费者的购物感受，以消费者为主体，对博物馆文化创意产品设计加以深入研究，使得博物馆文化创意设计产品能够走进人民日常生活之中。当前博物馆文化创意产品种类众多，包括创意生活类、体验类和馆藏复制品等多种类型，在众多类型中想要对博物馆文化创意产品进行创新，可以采用人们共同参与的方法，使博物馆文化创意产品开发工作不再拘泥于某种固定模式，帮助人们利用文化创意产品来"自我实现"。例如，博物馆可以通过文化体验型的文化创意产品设计，让人们都可以亲自体验文化产品的创意设计工作，同时也可以把自身设计转化为实际的文化创意产品，提高人们对文化创意产品开发的激情，为促进博物馆文化创意产业不断发展打下了基础。

（四）加强人才建设

根据当前全国博物院开展文化创意工作产品的实践情况来看，普遍存在缺少人才的情况，这就使得博物院的文化产品创新设计工作受到严重制约。基于此，博物院应该积极地引进专业人才，建立完善的人才吸纳制度，与此同时还要重视对自身文化创意产品设计团队开展定期培训工作，以提高设计人员的创造力和专业水准，博物院还可以利用自身各种资源，跨领域、跨部门对文化创意产品开展研发设计工作，为开发设计工作带

来源源不断的生命力，从而推动文化创意产业能够不断创新与发展。

综上所述，在我国旅游文化产业高速发展的今天，相关设计人员在开展博物馆文化创意产品的设计工作时，需要不断地引入新思路，对产品不断创新，这样才能让博物馆文化创意产品在文化市场中长久稳定发展，同时充分发挥博物馆的公共教育职能，让广大人民群众得以充分领略我国文化的魅力。

第二节 遗址类博物馆文化创意产品的开发设计

随着社会的不断发展，人们对文化的需求越来越高。中国作为一个历史悠久的国家，有非常多的保存历史遗迹的博物院。遗址类博物馆是在大遗址保护中一种比较常见的类型，大遗址保护园中通常都设有展示宣传遗址出土文物和历史文化内容的博物馆，如河南省三门峡市的虢国博物馆和西安市秦始皇兵马俑博物馆等。

一、博物馆文化创意产品开发设计的意义

遗址类博物馆是对文化的一种保存，随着时间的发展变化和对社会发展的需要，博物管由以前主要陈列藏品的宝物库，变成了现在对公众开放的观赏学习型博物馆。博物院的研究功能和藏品展示作为博物馆的主要功能，本身具有很强的历史意义。于中国是一个历史悠久的国家，所以博物馆可以对历史长河中的一些文明加以保护与传承，尤其是遗址类博物馆，通常都建在遗址的旁边，站在博物馆的门前，就有一种穿越时空回到那个时代的感觉。博物馆的文化创意产品是具有深厚博物馆精神内涵积淀的文化产品，是博物馆利用自身各种资源，经过产品开发与市场营销所进行的宣传博物馆文化、提高收入的重要载体，是达到文化事业与文化产业融通、社会效益和经济效益共赢的重要一环。

第一，有利于推广博物馆文化。中国有不少知名的博物馆，可是要知道某类博物馆的特点是什么，要怎么记住这个博物馆，就需要博物馆形成一种标签，也就是树立一个品牌，例如秦始皇兵马俑博物馆的兵马俑，人们一提到兵马俑就能想起西安秦始皇兵马

俑博物馆，而这便是品牌的力量。博物馆文化创意产品可以把博物馆的文化特点融入文化创意产品当中，加深游客对博物馆文化的了解，使游客对博物馆的文化有更深刻的理解。同时，还能够把所有的文化创意产品当作一个标签留在博物馆里，见证博物馆文化和各个时代的碰撞。第二，可以提高博物馆自身的收入，实现经济效益和社会效益的共赢。博物馆是一个非营利性组织，资金主要依靠政府和社会支持，馆内的日常费用、文物维护、保护设施修缮、展览等费用等都影响博物馆的发展。收费型博物馆压力相对较小，而免费开放的博物馆的压力就比较大。博物馆文化创意产品的经营可以帮助博物馆缓解一些经济上的压力，提供一种经济收入途径，同时能够促进博物馆文化的传播，可以说是经济效益和文化效益的完美统一。第三，能够推动中华文化的传承与发扬。博物馆的展品陈设就是一个让人们学习优秀文化的过程，博物馆里的许多藏品都有着很高的文化研究价值。若想了解历史文化，就需要借助对历史遗迹的观察与探究，这是一个弘扬中国优秀文化的过程。博物馆文化创意产品富含博物馆的文化特色与地域文化特色，也是对中华文化传承的重要方式。

二、遗址类博物馆文化创意产品开发设计的问题

（一）文化符号不足，创意不足，产品同质化现象严重

目前很多博物馆文化创意产品，更多的只是对博物馆形象的简单缩印，形式呆板而无新意。可能第一眼印象还可以，但经不起市场的反复推敲，也经不起市场的竞争。博物馆是一个文化意味十分丰富的社会组织，所以博物馆文化创意产品应该富有博物馆的特色和地方特色，和其他博物馆有着根本的区别，有自己的文化符号。博物馆文化创意产品并不仅仅是商品，还是文化品牌，由于21世纪是一个更加注重个性的年代，尤其是现在作为主要消费者的90后和00后，张扬个性几乎成了他们的标签，所以他们更青睐一些富有个性特点和文化创意的小品牌，这就需要遗址类博物馆对馆内藏品博物馆文化深入分析，挖掘文化特色，精心设计。博物馆文化创意产品不仅仅要体现博物馆的特点，还要注重对遗址类博物馆文化的传承，要带时代特点，若干年后遗址类博物馆文化创意产品可能就是另一种对遗址类博物馆历史文化的纪念。要最大限度地挖掘文化价值，避免出现同质化现象，从而使得文化创意产品的价值降低。

（二）市场定位模糊、实用性低

遗址类博物馆文化创意产品是面向市场进行的文化产品开发，需一个清晰的市场定位，要顺应市场发展规律，如果可以最好进行一次市场调研。文化产品是需要受众的，需要能够把握住消费者的心理。所以，在文化创意产品的设计开发阶段中一定要做好市场调研，做好明确的市场定位，知道市场所需，针对消费能力较低的参游客，有专门的营销渠道，对消费能力高的游客来说也有专门的商品陈列区。对价格的市场定位也要注意把握，有针对性地面向消费人群，如爱好买纪念品的游客和喜欢小清新制作的文学青年等。文化创意产品的特点之一是产品的实用性较低，而不能激发游客进行消费的欲望。遗址类博物馆也属于旅游景区，但目前旅游景区有一个很常见又严肃的问题就是景区内的各种产品的售价都偏高，并且基本上没有什么实用性。这就给游客们留下一种不好的印象，所以在遗址类博物馆文化创意产品的设计方面可以注重增加文化创意产品的实用价值，以争取消费者的偏爱。

（三）文化功能、知识产权

遗址博物馆文化创意产品同质化严重的一个主要原因，便是没有重视对文化创意产品的知识产权保护。目前，建立文化创意产品知识产权保护的遗址类博物馆少之又少，遗址类博物馆文化创意产品之间争商标权、专利权的案例也层出不穷。在精神经济时代下，遗址类博物馆必须承担起管理自主知识产权的责任，委托法律顾问、把知识产权的管理职责外包出去，或成立专门的知识产权管理部门。文化侵权现象时有发生，这不仅使遗址类博物馆的文化创意产品同质化情况越来越严重，更严重的是这背后对文化创新的抛弃，习惯性地抄袭导致他们丧失了自主创新的能力，这是一个特别可悲的事实。对遗址类博物馆来说，在打击侵权盗版的同时，文化创意产品开发的脚步也绝不能停，提升作品品质，增加他人侵权的成本费用，是防止他人侵权的有效途径。

（四）经营管理能力不足，缺乏社会影响力

产品的销售除了市场之外还需要考虑经营管理，也就是宣传、营销、售卖和售后服务。目前的经营管理上面存在着文化创意产品展列位置不佳，文化创意产品宣传力度不到位、宣传方式单一，馆内文化创意产品卖场的陈列布局呆板，展柜设计无创意，商品

摆放杂乱无章，无法刺激观众停留购买的欲望，服务态度冷漠等问题。遗址类博物馆是一个文化底蕴丰厚的机构，售卖遗址类博物馆文化创意产品是文化效益与经济效益的结合，所以在宣传的过程中要注意不要打扰遗址类博物馆的正常开放，可以选择富有遗址类博物馆特色的方式进行宣传，也可以利用互联网产品进行营销宣传，范围更广，受众面积更大。售卖和售后阶段一定要注意服务态度，要强化工作人员的服务意识，真诚微笑服务。

三、遗址类博物馆文化创意产品创新设计策略

（一）优化产品设计

博物馆文化创意产品开发的最重要的环节就是设计。良好的设计不仅能为商品带来美观的外形，更能将博物馆的文化与商品融为一体。优化博物馆产品设计的第一个重点在于创新，这就需要博物馆加强对设计人才的培养和保护，专业的设计人才能够做出精美、富有创意的设计。现在是注重文化竞争的时代，人才是第一生产力。文化创意产品的创新主要依靠的是人才的力量。

目前，博物馆文化产品开发设计面临的一个最尴尬的问题是博物馆内熟悉文物的工作人员并不精通设计，甚至不知道要如何进行设计，博物馆内缺少专门的产品设计师。但是如果将产品设计的任务交给专门的负责团队，又需要支付一笔高昂的设计费用。所以，需要博物馆注重对文化创意产品设计人员的培养，加大奖励力度，提高待遇，吸引设计人员来博物馆任职；还可以充分利用各大高等院校、职业学校各类设计、艺术、美术生创意智慧，每年开展全市范围内的文化创意征集比赛，发现优秀文化创意产品设计人才，提升文化创意产品设计开发水平，不断创新文化创意产品设计。

注重文化创意产品的纪念价值和使用价值。博物馆文化创意产品的宣传方案是"把博物馆带回家"，这就意味着文化创意产品富有极强的纪念价值，它有丰富的文化内涵，与博物馆的文化紧密相连。但是在产品设计的时候有很多博物馆的设计只是简单地将博物馆建筑或馆内陈列藏品简单缩印就作为文化创意产品，在消费者看来这只是一种敷衍，未能对文化符号的内涵及运用进行有效延伸，造成元素资源的浪费。更有个别博物馆对自身馆藏价值缺乏深入研究，只是一味模仿，缺少让人眼前一亮的特色。另外，目前博物馆文化创意产品的实用性极低，一般是一些明信片、书签、打火机、扇子之类的，

不被广大消费者所喜爱。除了挖掘有文化含金量的资源，更要注重对能和人的现实生活发生关系的文化资源的挖掘。要将文化创意产品融入生活，在注重文化内涵的同时强调实用性、趣味性，让传统文化变得鲜活生动。文化创意产品的设计需要融入博物馆文化和当地文化，避免出现文化创意产品同质化严重的情况，需要对产品做一个清晰的品牌定位。比如，针对文艺青年、普通游客、博物馆研究人员、学生、收藏爱好者等有针对性地设计不同的文化创意产品，具有个性特色，满足不同群体的需求，必要的时候还可以提供私人定制服务。

（二）艺术授权，注重对知识产权的保护

博物馆艺术授权综合了艺术授权与品牌授权，具体内容包括藏品与数字图像资源、博物馆品牌等，具体方式包括图像授权、品牌授权、出版授权与合作开发。随着社会的不断发展和生活水平的不断提高，人们对艺术文化等方面的精神需求越来越多。文化竞争压力越来越大，对知识产权的保护也越来越重要。博物馆文化创意产品是一个富有文化特色的商品，需要加强对知识产权的重视。艺术授权时代，文化创意产品的开发设计更合法，为文化创意产品的发展扫除了障碍，有利于博物馆文化生产价值的提高，有利于发挥博物馆文化传播的重要职能。

（三）依托互联网的营销平台

产品销售的一个重点在于营销，宣传有利于让更多人了解产品，有了最基本的了解才会有购买的欲望。产品的营销一直以来都是市场的关键。就博物馆文化创意产品而言，首先需要打开市场，也就是让更多的人知道博物馆内的文化创意产品，了解产品背后的故事，吸引消费者的注意力。营销宣传的渠道有很多，但是效果不同，现在是互联网时代，网民规模整体保持平稳增长。所以在进行市场营销宣传的过程中可以依托互联网平台，充分利用互联网宣传具有受众面积广、宣传范围大等特点进行宣传。而且利用互联网进行宣传，还可以将产品的设计和制作过程拍成短片在博物馆内部电视上进行宣传，让消费者进一步了解文化创意产品背后的故事，吸引他们的注意力，激发他们的购买欲。

（四）加强经营管理

从管理体制上说，一个完善的体制能够保证工作的顺利开展，目前无论是产品的设

计研发、创新开发还是营销服务都在管理的大体制框架内。文化创意产品是文化价值与经济价值的统一体，博物馆内部对商品管理方面的经验是比较薄弱的，因为博物馆一直以来都是一个非营利性机构，缺少对商业化产品的管理经验，需要对此进行加强。从经营方面来说，主要是产品的营销手段和售后服务。在网络极为发达的今天，营销渠道多种多样，无论是广播、电视还是报纸等都有其特别的营销用途，依托互联网平台进行营销是一个方便、快捷又富有成效的营销方式。营销管理还可以通过建立会员制的大数据分析法来分层推广，针对不同的群体制订不同的营销方案：文艺青年们更偏爱产品的文化底蕴，普通游客可能更在乎产品的纪念意义，年龄偏大的游客更在乎产品的实用价值，孩子更在乎产品的趣味性等，可以根据市场调查对每一个群体进行研究，有针对性地进行产品设计，进行宣传。而且宣传的时候也要注意针对有效受众群体，达到一个高质量的宣传效果。售后服务更多的是对服务态度的强调，博物馆是一个文化底蕴丰厚的机构，面向社会上所有人开放，但不是所有人都有足够的资金去购买自己喜欢的产品，这就需要服务人员在销售和售后服务中一定要注意态度问题，要平等、微笑、热情地对待每一位顾客。

综上所述，当代博物馆文化创意产品的发展仍处于一个成长状态，在很多方面存在不足，需要进一步调整和完善。本节从遗址类博物馆文化创意产品的开发创新角度分析了博物馆文化创意产品的发展现状，并有针对性地提出了发展建议。而博物馆文化创意产品的开发和创新有利于博物馆文化的传播，有利于知识产权的保护，有利于文化创新发展，还有利于博物馆文化创意产业的发展，所以应对文化创意产品的设计、营销予以高度重视。现在是文化竞争的时代，对博物馆文化创意产品的开发创新，不仅有利于实现博物馆经济效益和文化效益的统一，还有利于增强文化自信，弘扬中华优秀传统文化，继承和发展优秀文化，推动社会经济文化协调发展。

第三节 非国有博物馆文化创意产品的开发设计

非国有博物馆作为博物馆的重要补充，也是民间典藏和展示文物的场所，连接着人类的过去、现在和未来，是透视人类文明发展的窗口。随着现代社会的不断发展与变革，非国有博物馆的数量不断增多，它们和国有博物馆一样承载着收藏、研究、展示、教育等功能，同时也满足了社会大众对精神文化产品的购买需求。当前，博物馆文化产品开发与创新日益成为非国有博物馆发展的重要议题。文化创意产品的开发在博物馆的运营中得到更好的发展，需要面对困难，勇于进行创新。

一、目前我国非国有博物馆文化创意产品的开发与创新面临的问题

目前许多博物馆有意开发文化创意产品，但据调查，除几家知名博物馆的文化创意产品成为网红之外，大多数博物馆的文化创意产品不尽如人意，有馆内柜台曾一度停止运营。一些社会经济较为良好的省级博物馆也是不温不火，其他地市级场馆整体情况更不理想。地方博物馆文化创意产品销售不佳存在一系列原因。

首先，部分项目开发早期投入较高，但市场回报存在不确定性，各博物馆因此在投入上较为谨慎。有些项目投入开发经费不少，但是销售情况却不明朗。其次，文化创意产品内容不丰富，产品相似程度较高，博物馆可以买到的产品往往旅游商店或其他销售商店也可以买到。基于此，不能只顾开发，忽略创新。

非国有博物馆文化创意产品主要以旅游纪念品为主，这种产品开发没有和市场紧密结合，没有以市场为本位，只注重新颖，不注重市场。开发的产品被专家认为有创新度，但市场的消费者却不买账。此外，产品开发还遇到利润分配影响开发者积极性、产品销售渠道单一等其他问题。针对以上情况，特别是在销售内容上，可以扩大合作产业的涵盖范围，没有纳入考虑范围的行业可以重新思考可行性。

二、学习"杭州手信"的艺术授权形式，推动非国有博物馆文化创意产品设计

"杭州手信"品牌创立以来，经过精心的运作和发展，已经取得了一定效益，正在逐步成为杭州博物馆继展览陈列等传统特色外的又一大亮点。综观"杭州手信"的发展扩大，产品艺术授权与营销手段是其快速发展的主要原因。主要体现在以下几个方面：

1.利用馆藏文物线描图开发文化创意产品。博物馆文化创意产品的艺术授权不仅牵涉知识产权保护问题，如果是基于馆藏文物的开发与利用，最重要的还是如何保证文物这种不可再生资源的安全问题。无论何种形式的开发均有对文物造成损伤的危险，但如果仅凭器物照片进行仿制又难免存在比例失调、形象失真等问题。"杭州手信"文化创意产品在产品开发过程中充分利用馆内资源，组织专业人员对藏品进行考古线图描绘，对照线图进行产品开发，不仅有效降低了风险，而且由于考古线图对器物描绘较为精准，解决了在开发过程中产生的误差，更利于保证开发出的产品能够尽可能保留其所蕴含的艺术性。

2.举办手信文化节活动，充分利用社会资源，为非国有博物馆文化创意产品创立自己的品牌，建立馆企合作、馆馆合作。以"手信"为切入点，深入推进杭州博物馆文化创意产品的研发。杭州博物馆举办了各地博物馆手信文化节，并将首批原创文化创意产品与馆外文化创意产品销售商的产品一同发售，以文化创意产品集市的形式"让文物更亲民"，搭建多元化平台，让游客在参观博物馆感受文化气息的过程中还可挑选和购买众多文化创意产品。这不仅让"杭州手信"的品牌与设计理念深入人心，也为其他博物馆及企业搭建了平台，收到了良好的效果。

3.非国有博物馆文化创意产品的开发创新除了依赖传统手段外，还引入了新技术，3D 打印技术的应用为博物馆的文化创意产品注入了新的活力。利用 3D 打印技术可在原有利用考古线图开发文化创意产品的基础上更加省时省力，并进一步确保文物安全。只需几张照片便可在完全不接触文物的情况下开发出产品图。将 3D 打印技术引入博物馆文化创意产品的开发中，不但节省时间成本，而且更加绿色环保。但此种技术的引进也有其局限性，一次性投资较大，因此需要根据博物馆实际情况进行操作。

三、非国有博物馆文化创意产品的开发和创新设计的有效措施

（1）建立专业的创意人才及创意团队。博物馆要以满足广大消费者的文化需求为中心，一切工作以消费者的利益为出发点，要有目的、有计划地开发文化创意产品，组建一支富有创新精神和创新能力的创意团队。博物馆的创意团队将藏品的特色与艺术融合来助推文化创意产品的开发。利用社会公众需求研究人们的生活及人们日常生活的需要，设计实用性强的产品。例如，设计有特色纹饰的小钱包、抱枕、鞋子等文化创意产品，可以给观众带来耳目一新的感觉。同时，以产品研究成果为基础，所有文物藏品都包含历史信息，都是过去时代工匠精神的体现，很多是精品，可以通过对这些藏品的分析，挖掘出很多图案。以文化创意产品研发为支撑，把创意融进文化创意产品，而不仅仅是复制。

（2）提高文化创意产品自身档次。博物馆紧密结合文化活动，突出本馆特色，举办展览。举办前期要研发一些跟展览主题吻合的文化创意产品。以观众需求为出发点，采取合作、独立研发等方式开发文化创意产品，创造良好的经济效益和社会效益。通过举办与博物馆馆藏相关的工艺品设计制作大赛，让更多的人有参与感，为文化创意产品带来生命与活力。文化创意产品的大量生产一定要特别关注质量，因为文化产品不是一般的商品，是要带着博物馆的形象进入市场的，所以要特别注重质量。

（3）创造大规模生产文化创意产品的条件，与企业合作，建立完整的产业链，遵循共赢共荣的原则。

（4）改善购物环境。目前大部分博物馆的文化创意产品商店给顾客的体验感太差，这也影响了经营效益。考虑到参观体验的整体性，除了部分特殊情况，文化创意产品商店在参观的末端。但是，到了这里，观众往往受到出口倾斜效应的影响，身心俱疲地只想着尽快离开去休息。而很多博物馆商店在设计、商品摆放等方面做得不够好，观众甚至没兴趣多看一眼。所以，改变文化创意产品商店的位置，有利于调动消费者的消费欲望。据调查，有些商店还会有很多外包商品，同本馆关联度低，而且看起来也缺乏"档次"，给人一种"杂货铺"的感觉，观众提不起购物兴致。这些做法应及时调整。

博物馆作为典藏和展示文物的场所，连接着人类的过去、现在和未来，是透视人类文明发展的窗口。当前，博物馆文化产品开发及相关文化创意产业的发展，日益成为博物馆热门的议题。文化创意产品的开发在博物馆的运营中越来越受到关注和重视。做好博物馆文化创意产品的开发，是延伸教育功能、巩固服务效果的重要载体。发现非国有

博物馆文化创意产品在开发和创新设计中的共性问题，将其避免或努力克服是新时代下的经营策略。将藏品内涵融入文化创意产品设计中，不只是体现在设计方案上，也体现在创新思维上。要学习故宫博物院、台北故宫博物院以及杭州博物馆的成功之处，结合地域性和馆藏特色，开发出适合自身发展的文化创意产品，才是给非国有博物馆经营与发展注入新鲜血液的关键。

第四节 "互联网+"与博物馆文化创意产品开发设计

一、"互联网+"背景下博物馆文化创意产品设计趋势

自制订"互联网+"行动计划以来，"互联网+"以其迅猛发展的态势广泛渗透到各行各业。对博物馆来说，"互联网+"与文化创意产品设计的融合，可以更好地推动文化创意产品的创新设计与开发。而对大众来说，借助新媒介可以更加快速便捷地了解博物馆信息，通过文化创意产品互动体验能更直观地感受博物馆的珍贵历史文化。因此，博物馆文化创意产品的设计呈现以下趋势。

（一）互动分享

2019 年年初，腾讯视频携手三星堆博物馆和金沙遗址博物馆推出了主题为"修复文物，遇见文明"的 H5（第五代超文本标记语言），在微博、微信等移动端媒介上得到了广泛的传播和分享。此 H5 以线上互动方式再现了文物修复过程，通过 3D（三维）建模等技术逼真地还原了三星堆金面罩青铜人头像、陶三足炊器和太阳神鸟金饰这三件文物。整个交互形式是让用户选择需要修复的文物，通过指引滑动屏幕，配合 3D 动画模拟文物修复的全过程。值得注意的是，用户在体验过程中会有当前修复用时与实际修复用时的对比，通过这个时间对比，可以直观地感受文物修复者们的艰辛，从而唤起人们对文物修复的关注，增强对文物保护的认知。在互动完成后，用户还可获得限量博物馆门票，让人们真切感受文物跨越千年的历史文化底蕴。而此文化创意产品能够如此大范

围地传播，受众面如此之广的首要因素，便是得益于数字媒介与文化创意产品的创新融合。

（二）平台联合

近几年，故宫文化创意产品发展迅猛。其中《迷宫如意琳琅图籍》（以下简称《迷宫》）颇为引人关注，《迷宫》是故宫推出的首本创意解密互动类书籍，通过众筹平台独家发售。《迷宫》是将实体书、解锁道具和 App（应用程序）三者相结合，从而打造全方位的互动阅读体验方式。通过此书，人们不仅可以享受解密的乐趣，还可以从中获得故宫的历史知识。虽然书中的故事是虚构的，但是所有涉及的人物、建筑、文物等都是真实存在的，传递给读者的历史文化知识都是有据可循的。在完成线上任务后，读者可亲身来到故宫，实地探访解锁线下隐藏任务，从虚构世界转换到现实生活中，让读者身临其境触摸历史。故宫此次的创新尝试，开辟了文化创意产品的新方向。

（三）品牌助力

如今，跨界联名成为品牌推广及销售最有效的方式之一，各大博物馆可谓在跨界联名上下足了功夫。其中在 2018 年春节，国家博物馆联合肯德基在全国 18 个城市推出了不同主题的活动，将 17 件国宝级藏品融入各个主题餐厅的设计中，从视觉到内容，无不体现国宝背后深刻的文化底蕴，并通过新型科技手段让消费者与国宝在线互动，零距离对话国宝。而在 2019 年的天猫超级品牌日上，故宫联合奥利奥推出了"宫廷御点·中华六味"限定礼盒，所有海报乃至包装插画，都遵循故宫建筑特色以及著名的馆藏文物。中国风的插画配以皇帝口吻的文案，再到充满古典韵味的品名介绍都展现出了浓浓的宫廷风。这些跨界合作，充分说明当前文化创意产品正从传统走向创新，通过生动有趣的创意表现形式，让更多人了解中国传统文化，从而向世界传播中华文化。

二、"互联网+"背景下博物馆文化创意产品设计创新突破

（一）利用新媒介，进行资源整合

"互联网+"的到来拓宽了博物馆文化创意产品的发展道路，为文化创意产品的设计提供了更多的机遇和挑战。如何利用好"互联网+"为文化创意产业增效赋能，是当前文化创意产品设计所面临的问题。单靠博物馆的一己之力很难满足多样化的消费需

求。为了打破文化创意产品设计的局限性，博物馆需广泛谋求合作，利用新媒介，开拓新视野，从而促进文化创意产业跨界合作和深度融合，形成适应互联网发展要求的开发合力。如今移动互联网已渗透各个领域，手机移动端因其方便、快捷、高效，成为传播博物馆文化信息最有效的途径之一。无论是 App 还是 H5 都以其多样的互动形式深受用户青睐，更因其传播性强、普及度高而受众很广。将文化资源同移动媒介相结合，对资源进行优化配置，使其发挥一加一大于二的效果。让用户在接收与分享中，主动参与互动交流，促进博物馆文化知识的传播。

（二）融入新科技，丰富产品内容

在数字技术快速发展的今天，传统文化创意产品虽具备了美观性和文化性，但其在内容表现上缺乏创新性。绝大部分文化创意产品还是以其商业性为目的，实用性对于产品来说固然重要，但内容也是文化创意产品至关重要的一部分，是最能体现文化附加值的重要一环。因此，要想改变现状，就需将文物的人文色彩和故事内涵，通过新科技、新技术以全新的方式注入文化创意产品中，在具备形式美感的条件下对其功用进行再创造、再开发。可以利用 3D 或 VR（虚拟现实）等技术，配合移动端设备，实现文化创意产品从二维向三维的转化。例如，平面类的文化创意产品可以通过移动端结合虚拟图像技术，丰富其设计形式和产品内容，使其摆脱单一样式的束缚，让文化创意产品"活"起来，不仅能增添趣味互动性，而且能提高产品的利用率，赋予文化创意产品新的生命力。

（三）引进新人才，凝聚多方创意

如今在日益增长的多元化消费需求下，文化创意产品设计者的压力陡然剧增。面对千篇一律的文化创意产品，公众已产生审美疲劳。而实用性差、趣味感弱和缺乏互动等问题的存在阻碍着文化创意产品设计的发展。因此需转变观念，广泛引进新人才，凝聚多方力量，特别是激发社会大众的创新思维，让大家共同参与博物馆文化创意产品的设计中。可以利用互联网这一平台，进行文化创意产品设计甄选活动，借助社交平台微博、微信或官方网站发布征集消息，通过大众间的分享和互动，促进信息的交流与传播，不仅能征集优秀创意，还能了解大众的消费需求，从而拓宽文化创意产品的创新设计之路。

在"互联网+"背景下，文化创意产品设计摆脱了传统设计的束缚，开辟了新的设计形式。不仅拓宽了传播方式，还极大地丰富了产品内容，并且通过多种跨界融合全方位地满足当下的消费市场。在新的发展时期，博物馆文化创意产品设计要充分利用"互联网+"优势，有效地实现大众与博物馆的互联互通，开发更具历史文化知识和寓教于乐的互动文化创意产品，从而推动博物馆文化创意事业创新发展。

三、"互联网+"背景下文化创意产品设计方向

（一）注入文化内涵，转变设计形式

文化创意产品的独特之处在于产品的情感化设计，消费者在购买文化创意产品时得到的不仅仅是商品，更是商品背后的历史意义与独特的情怀。博物馆藏品历史悠久，底蕴深厚，要充分挖掘文物中的文化内涵，让文化创意产品成为集物质需求与精神需求为一体的文化载体，使其代表一种文化，表明一种态度。

在互联网的支持下，文化创意产品在出版型产品和复制型产品的基础上开发了游戏等电子产品和 App 等软件系统。例如，北京故宫博物院充分利用互联网技术，开设"故宫淘宝"网站，突破了文物的简单仿制形式，将贴近生活的产品，如手机壳、便签纸、帆布包等日常用品进行创意设计，既方便实用，又富有内涵。作为受众广而形式轻松愉快的网络游戏也是文化创意产品的一种有效的表现形式。

（二）跨领域合作，实现共同发展

设计文化创意产品应具有开放思维，积极与其他行业进行融合，为文化创意产品的发展带来更多的机遇与灵感。如浦发银行推出的"富春山居图"主题信用卡，画面精美，景色别致，不仅呈现了富春江两岸的秀美景色，还通过 AR（增强现实）科技使用户身临其境地体验了富春江的优美景致。浦发银行传统文化主题信用卡不仅在设计中体现了我国传统文化，还运用了 AR 高科技技术，是文化创意产品中互联网与传统文化成功结合的例子。可以说"互联网+"使世界变成一个连接的整体，不同的品牌、不同的领域可以相互结合，使文化创意产品的设计充满了可能性。

（三）注重用户体验，实现多元设计

体验式文化创意产品设计就是用恰当的方式建立产品与消费者之间的桥梁，让消费者了解文化创意产品背后的设计理念，并且通过交互设计让用户直接体验产品。换言之，

使人与产品进行有效交流是体验式文化创意产品设计的核心。

1.建立多元的文化体验

与静态的文化展示不同，文化体验是需要从感官、行为中摄取的。文化创意产品的设计应结合视觉、听觉、嗅觉等多方面的感官体验，通过造型、色彩、功能等多方面的设计来传达产品的理念，使文化创意产品从单一的平面化传播变为多元化、多感官的传播。

2.建立互动式文化体验

互动式文化体验就是让消费者参与文化创意产品的创造过程之中，让消费者在体验的过程中表达自己的情感并且得到自我满足。在现代文化创意产品的设计过程中，消费者已经不仅仅是一个被动的接受者，人们更倾向于主动地将自己的情感融入文化创意产品当中，参与并创造具有独特性的文化创意产品。在作品制作的过程当中，消费者逐渐建立与文化创意产品的互动关系，对其进行感知和交流，最终理解藏品的文化内涵。

四、"互联网+"环境下文化创意产品的推广方式

（一）营销方式从线下到线上

移动互联网不仅成为文化创意产品的一种载体，而且实现了不受地域限制的信息流动。消费者可以通过手机或电脑自由选择自己喜爱的文化创意产品，并且通过在线支付进行购买。而博物馆也可以通过创建线上运营平台，并且通过引入流量的方式实现文化创意产品的精准营销和推广。

线上营销可以打造博物馆文化创意产品用户社区，以消费者的角度进行文化创意产品的营销方式，使文化创意产品的营销更加具有影响力、接受力和传播力。传播平台可以借助微博、微信等网络社交平台，根据博物馆及其文化创意产品制造话题并引发广泛传播与讨论。

在线下，可以积极承办实体文化创意产品体验馆和展览活动，以及文物及创意产品的巡回展出和交流，在线上营销的基础上增加消费者与产品在现实中接触的机会，使消费者亲身感受到文化创意产品的多元功能以及藏品蕴含的文化底蕴。

（二）从单一产品到形成产业链

在"互联网+"的环境下，文化创意产品的开发已不仅仅是设计师一个人可以完成

的工作，而是由多方合作产生的产业链。文化创意产品也成为由微博、微信以及各类 App 等多元文化娱乐业融合的产物。在网络互联互通的今天，文化创意产品已经完成了创意设计、资源提供、政策对接、品牌推广、市场营销等多方的共同合作，并形成以产品设计、开发与销售为一体的文化创意产业链。

（三）用宏观视角把握发展方向

要用宏观的视角把握"互联网+"背景下文化创意产品的发展方向，对消费者从体验感受、设计形态、服务态度等全方位地进行大量市场调查，掌握消费者的购买心理，从消费者的体验感受出发，进行多元化的文化创意产品开发和推广。

"互联网+"计划使文化创意产品的推广方式产生了创新性变化，博物馆藏品的传播方式也走向了多元化、系统化。设计师将藏品的文化内涵融入文化创意产品，通过线上和线下相结合的方式，向大众进行全面推广，最终实现博物馆文化的传播与发展。

第五章 现代文化创意产品设计的应用研究

第一节 3D 打印在文化创意产品设计中的应用

随着全球经济快速发展，人们对文化意识需求越来越高，个性化的文化创意产品越来越迎合市场需求，而传统的制造方式已经不能满足消费者需求。3D 打印技术与文化创意产品设计相结合，不仅可以拓展设计人员的创新思维，还能促进文化和技术的完美融合。

目前，3D 打印应用在各行各业中发展越来越成熟，3D 打印技术被称为"第三次工业革命"。有人说过，3D 打印机赋予了每一个普通人创新的能力。3D 打印机不是一场技术革命，而是一场社会革命，它赋予个人制造自己的产品的能力，这确实是一场革命。3D 打印最大的魅力是为创意设计提供无限的可能性。如今，全球经济快速发展，人民需求越来越高，对文化意识的需求越来越大，追求新意的人也越来越多，每个人的眼光都有自己独特的地方。市场上已有固定成品，但不能满足消费人群的需求。消费者越来越追求个性化的文化创意产品，而 3D 打印正好满足这一需求。传统制造业的设计首先考虑的是工艺设计，设计时一定要考虑用传统方式能不能做出来，并且要考虑制作周期。而 3D 打印设计首先考虑的是结构和性能，尽量忽略制造工艺限制，这样就可以拓展创新、创意空间，激发设计人员的创新思维。利用 3D 打印技术，可以根据客户需求，设计出具有创意的产品，这些产品的艺术价值远远超过实用价值。所以，3D 打印技术与文化、时尚、艺术、创意、设计及教育等融合起来，在高端个性化定制产品设计中的应用越来越重要。

一、文化创意产品的设计方法

随着人们生活水平日益提高，人们的审美能力也在逐渐提升，从简单的衣食住行到较高的文化、娱乐与休闲等层面更加注重内涵和品质，这为各种文化创意产品开发和设计带来了很好机遇。

文化创意产品设计，首先，要在特色文化上提炼符号价值；其次，要在创意能力上下功夫；最后，要在市场上找需求。特色文化可以按区域、行业特色一级历史特色等分为无穷类别，对文化内涵进行整理，整合细分化特色文化；根据一定的价值取向，选取有价值、有内涵的文化内容作为设计来源；通过外形和内涵，抓住灵魂本质，提炼出特色文化符号，找到文化产品设计形象。在产品设计时，创意观念、思维、方法和手段等要应用到整个设计过程中，可以提炼传统文化元素，将文化意蕴、思想以及观念等融入产品设计中，实现形神兼备、出神入化的效果。产品是创意设计的最终对象，能够满足人们生活、工作和娱乐等方面需求，所以要综合考虑市场因素、市场需求和消费者心理问题，保证文化创意产品满足市场需求，实现经济效益最大化。

二、3D 打印技术简介

3D 打印又称增材制造，属于快速成型技术的一种，它是一种以数字模型文件为基础，运用粉末状金属或塑料等材料，通过逐层堆叠累积方式来构造物体的技术。3D 打印技术可以精确地将设计思想转变为具有一定功能的原型或直接制造零件。目前比较成熟的技术有光固化成型工艺（SLA）、选择激光性烧结工艺（SLS）和融熔沉积工艺（FDM）。

SLA 技术原理是将激光直接打在树脂上，让打到的树脂凝固，未打到的地方还是液态树脂。这种工艺成型产品精度高、表面质量好，但产品比较脆，不易保存，主要用于制作高精度件、铸造用蜡模、样件或产品模型。SLS 是将激光直接打在粉末上，让粉末瞬间熔化，瞬间凝固，烧到的地方成型，未烧到的地方还是粉末。该技术成型材料和成型件物理性能很好，持久耐用，并且具备制作工艺简单、精度高、成型好以及不需要去除支撑等优点，但是设备价格昂贵，主要应用在大型企业样件、模型以及金属件制作上。FDM 是将材料瞬间熔化，挤压出来进行堆积，瞬间凝固。FDM 是一种不依靠激光作为成型能源，就能将各种丝材加热熔化进而堆积成型的方法，这种工艺加工成本低、原材料利用率高且材料寿命长，可以成型任意复杂的零件，设备比较便宜，目前应用较广；

缺点是成型速度较慢，产品精度低，主要适用于制作塑料件、样件或模型。

目前用于文化创意产品设计中的 3D 打印技术主要有 SLA 和 FDM。

三、3D 打印在文化创意产品中的应用

（一）创意灯具的设计应用

现在市场上的灯具造型已经不能满足年轻人个性化定制要求，灯具企业面临产品档次不够高、产品基本相同和没有特色等问题，影响了国内和国际市场。灯具制作从设计到加工，制作周期长，而且要考虑到企业实际加工情况，产品造型不够多样化，所以可以借助 3D 打印技术。设计师从客户个性化定制要求出发，设计出复杂多样的灯具产品，在设计过程中，不需要考虑到企业实际生产情况，以满足客户要求为主，借助光固化成型 SLA 打印机或融熔沉积 FDM 打印机，将设计的模型通过 3D 打印机一层层堆积而成，再经过后处理，去除支撑，并进行产品表面打磨。如果是 SLA 打印机打印产品颜色为原材料树脂本身的颜色，那么可以通过丙烯等颜料对产品进行再次加工，得到最终设计产品造型。

（二）玉雕产品的设计应用

因为玉器雕琢是具有破坏性的，对玉器只能雕琢去料，不能填料，一旦加工玉料就不能重新再来，所以设计构思必须慎之又慎。

3D 打印技术可以解决这一问题，设计师在电脑上设计出拟将雕琢玉器的形状，确定要表达的主题，然后通过 3D 打印机打印出来，经过后处理，玉雕的产品就展现出来了。设计师根据打印出来的产品，找出设计缺陷和不足，再进行改进—设计—打印，直到设计出完美的产品为止。3D 打印机与玉雕产品设计相结合，可以减少生产成本，提高玉雕加工效率。

（三）博物馆文化创意产品的设计

节假日去博物馆看展览已经成为社会潮流，许多参观者看完展览之后想把博物馆里面的文物带回家，但是文物珍贵且独一无二，如何解决消费者需求呢？可以利用 3D 打印中的逆向扫描技术，用三维扫描仪将文物进行三维扫描，形成点云数据，将点云数据

进行处理，得到文物的三维数字模型；再利用 3D 打印机打印出来，就会得到跟文物一模一样的复制品。博物馆可以将这项立体文物模型服务加入参观者观感体验中去，使博物馆社会功能发挥最大值。

21 世纪产品设计需要新方法，当下个性化定制服务已经成为一种社会风尚，利用 3D 打印技术在文化创意产品设计中的应用会给消费者带来新的感受和体验。如何利用 3D 打印技术开发文化创意产品设计，并且有更多创新点，这是设计师和企业需要考虑的问题。在文化创意产品设计中融入 3D 打印技术，将文化和艺术深度融合，结合丰富人类文明，可以更好地促进技术和文化协调发展。

第二节 传统元素在文化创意产品设计中的应用

中国传统元素种类繁多，是中国传统文化的重要载体。本节通过阐述中国传统元素及其发展现状，对中国传统元素在文化创意产品设计中的实践应用展开探讨，为推进中国传统元素与文化创意产品设计的有机融合，提高文化创意产品的文化内涵，实现传统文化的传承发展提供一些依据。

随着经济全球化发展的不断深入，全球各国经济联系变得越来越紧密，并建立起相互影响、相互促进的关系。与此同时，各种思想文化不断发生碰撞，文化交流已然转变成当前时代的一大热点话题。中国传统文化具有几千年的悠久历史，深厚的文化底蕴为我国文化创意产品发展创造了良好契机，利用中国传统文化元素开展文化创意产品设计，可实现产品的创新发展。由此可见，对中国传统元素在文化创意产品设计中的应用进行研究，具有十分重要的现实意义。

一、中国传统元素

（一）中国传统元素的内涵特征

如今人们所提及的传统指的是一个国家、民族历经历史长河沉浮所形成的思想、道德、艺术、风格等，作为一项时间概念，传统是不断运动的，而并非静止的。有学者认为，文化唯有具备本土性、原创性方可得到人们的认同，本土语言的设计理论重点在于其激发各式各样交流对话的可能性。中国传统元素主要由两种形态构成，即具象形态、抽象形态。前者包含汉字、茶叶、民间手工艺等，后者包含中国人的社会文化、生活方式、价值观等。即便中国传统元素种类繁多，但不管是具象的还是抽象的，中国传统元素的基本内涵均可基本概述为两大方面：其一，中国人尤为提倡的和谐观，即"天人合一"思想，其作为中国传统文化的思想基础，得到了道、儒两大家的一致推崇。其二，"厚德载物""自强不息"彰显了中国传统文化的基本精神。另外，中国传统元素的特征主要表现为：其一，世代相传。中国传统元素在一些短暂的历史阶段中有中断，在各个历史时期有不同程度的转变，但是总体上没有中断过，且变化不大。其二，民族特色。中国传统元素是中国特有的，与世界其他民族文化元素存在很大差异。其三，博大精深。一方面中国传统元素有着丰富多彩的广度，另一方面中国传统元素有着高深莫测的深度。

（二）中国传统元素的发展现状

我国文化创意产品设计在一定程度上受到西方现代主义的影响，在长期以来的发展历程中，经历了由认识到理解、由模仿到反思和创造的过程，即使如今文化创意产品设计中的西化热潮得到了一定消退，然而有关中国传统元素的设计依旧尚未成为文化创意产品设计中的主流。如何推进中国传统元素设计向大众化、主流化发展，传承和发展中国传统文化是一条重要途径，设计师们应当注重从日常生活中挖掘中国传统文化的设计元素，推进传统元素与现代设计理念实践的有机融合，推进传统理念与新时代元素的有机融合。当今时代，科学技术、材料、媒介不断推陈出新，再加上新思想、新观念等的不断涌入，民族文化、地域文化相互间不断碰撞、交融。基于此，广大设计师更不可静止看待中国传统，而应当深刻领会传统文化的寓意，从不同方位、不同角度探寻中国传统元素在文化创意产品设计中应用的各种可能性。

二、中国传统元素在文化创意产品设计中的应用分析

将中国传统元素作为传统文化载体，基于中国传统元素的内涵特征，推进中国传统元素与创意思维、现代技艺的有机融合，实现创新一体化设计，使衍生文化创意产品的造型、色彩、图案纹样等可以充分满足社会大众的审美情趣与精神需求，实现文化创意

产品的实用性、艺术性、文化性的高度统一。现以剪纸艺术、传统吉祥观、秦腔艺术等中国传统元素为例，对文化创意产品设计中中国传统元素的实践应用进行探究。

（一）文化创意产品设计中剪纸艺术的实践应用分析

剪纸是我国一项重要的传统元素，作为一种民间手工艺，随着时代的发展，其生命力及表现形式不断发展演变，再加上纸品种类的日益丰富及机器雕刻工艺的不断发展，剪纸的形式及功能实现长足的丰富与扩展。将传统剪纸艺术应用于文化创意产品设计中，可实现两者的双赢，即一方面可为文化创意产品设计提供丰富的素材，另一方面可赋予剪纸以新的形式，延续剪纸的时代感、时尚感。

1.剪纸的外在形象在文化创意产品设计中的应用

作为对传统剪纸的简单延续，可以剪纸纹样为基础，传达符号信息，以此为人们提供美的视觉体验。这一应用形式包括单层传统剪纸装饰画、单层现代剪纸装饰画及多层现代剪纸装饰画等，它们均属于传统剪纸的一种发展延续，是剪纸外在形象在文化创意产品设计中的应用。

2.剪纸文化形态在文化创意产品设计中的应用

现代雕刻机器的诞生，为剪纸工艺传承发展创造了一定契机。例如，立体贺卡便是通过雕刻机器生产出的一种文化创意产品，其不仅具备较高的附加值，更可使人们领略到如何将一张普普通通的纸张通过加减处理使其转化得生动立体的场景，使人们直观体验到剪纸的乐趣。

3.剪纸艺术精神内核在文化创意产品设计中的应用

相关史料记载，剪纸最初起源于唐朝用于装饰的方胜，后来文人骚客赋予其以祭祀的用途，在重要时节里剪纸又可作为祈福的道具。剪纸工艺有着向往美好生活的精神内涵，诸如《龙凤呈祥》《鸳鸯戏水》《连年有余》等典型的剪纸作品，无不揭示了剪纸对美好延续的精神内核。因此，一些设计师将这些精神内核应用于文化创意产品设计中，以设计出诸如纪念日贺卡等文化创意产品，为人们日常生活增添色彩。

（二）传统吉祥观在文化创意产品设计中的应用分析

传统吉祥观是我国一项重要的传统元素，作为由中国历史传承下来的传统文化符号，其是其他艺术文化形式所不可取代的。将传统吉祥符号引入现代文化创意产品设计中，开展创新应用，可实现文化创意产品的文化性、传播性。首先是传统吉祥观中"形"在文化创意产品设计中的应用。传统吉祥观在文化创意产品设计中的应用，尤以吉祥纹样的表现形式最为直接。吉祥纹样可传达鲜明的吉祥语意，消费者通过外观便可实现对吉祥寓意的理解。例如，在文化创意产品设计中，可直接将植物、动物、器物的吉祥纹样装饰应用于文化创意产品外观上，使吉祥纹样成为文化创意产品装饰设计的一大亮点。其次是传统吉祥观中"意"在文化创意产品设计中的应用。文化创意产品是表达内在意义的一种形式，所以在文化创意产品设计中，单纯应用吉祥纹样进行造型装饰是远远不够的，还应当深入领会传统吉祥观的文化内涵，使文化创意产品可实现对吉祥寓意的切实传达。例如，由某公司设计的牙签盒"上上签"，便实现了传统吉祥观与文化创意产品设计的充分结合。牙签盒设计受我国占卜摇签仪式启发，取名"上上签"寓意平安顺利。其中，造型源自极具代表性的天坛祈年殿殿顶的缩影，蕴含了深厚的民族情感。最后是传统吉祥观中"神"在文化创意产品设计中的应用。传统吉祥观主要反映了千百年来劳动人民向往美好生活的夙愿，还蕴含了中国古代"天人合一""回归自然"的思想观念。传统吉祥观"神"的意蕴作为一种理念的承载，在文化创意产品设计中，在传达其"形""意"的基础上，还应当对相关吉祥寓意形象予以再创造，并赋予其时代气息，实现对传统吉祥观"神"的传达，并彰显文化创意产品的全新意境。

（三）秦腔艺术在文化创意产品设计中的应用分析

秦腔艺术作为我国非物质文化遗产，在历史、文化、情感价值等方面均表现出独特的艺术价值，其不仅可为文化创意产品设计提供丰富的思想源泉，还可实现对传统文化的有效传承与保护。首先是秦腔角色性格在文化创意产品设计中的应用。秦腔角色可分为四生、六旦、二净等，不同角色有着不同的性格特征，由此构筑了秦腔艺术丰富多彩的视觉体验。将秦腔角色性格特征符号，诸如生角武松的满腔正义、旦角穆桂英的端庄灵动等，应用于文化创意产品设计中，不仅可彰显设计师的文化素养，还可赋予文化创意产品以深厚的文化底蕴，促进非物质文化的传承与保护。其次是秦腔角色造型在文化创意产品设计中的应用。秦腔角色造型是在戏剧实际内容基础上所刻画出的独特形象，诸如戏剧服装、脸谱造型等，均是秦腔戏剧必不可少的视觉表现形式，可极大地提高秦腔戏剧的视觉冲击力。将秦腔角色造型应用于文化创意产品设计中，通过对其具代表性的特征的创新处理，不仅可在造型上弥补当前市场中一些文化创意产品过于单一的不足，还可有效增进文化创意产品的视觉体验及文化性。最后，秦腔色彩在文化创意产品设计中的应用。秦腔色彩源自古代舞祭祀活动中的"假面""途面"，随着时间的推移，秦腔艺术根据角色性格、身份不同，进行各种色彩选择，造型色彩应用大胆、简洁明了，常以一种或若干种色彩描绘不同角色的性格特征，诸如红色象征忠勇正义、黑色象征刚正不阿、黄色象征勇猛残暴等。将秦腔色彩应用于文化创意产品设计中，设计师可通过推进工艺美术与色彩学的相关理论巧妙结合，实现对秦腔色彩的概括提炼，以此提高文化创意产品的美感与装饰性，进一步为文化创意产品外观塑造提供丰富素材来源。

总而言之，中国传统元素是中华民族数千年历史文化的重要载体，具有十分宝贵的文化价值，是现代文化创意产品设计生存发展不可或缺的土壤。与此同时，发掘中国传统元素为现代社会服务，是现代文化创意产品设计发展的一条重要途径。因此，文化创意产品设计相关人员必须要革新思想认识，提高对中国传统元素文化内涵的深刻领会，以现代化艺术语言来表达传统元素文化寓意，推进中国传统元素与文化创意产品设计的有机融合，提高文化创意产品的文化内涵，实现传统文化的传承发展。

第三节 蓝印花布在现代文化创意产品中的应用

将现代科学、文化元素与我国非物质文化遗产蓝印花布相结合，设计出符合现代人审美和应用需求的文化创意产品，是对蓝印花布文化内涵和手工技艺的一种传承和创新。本节通过对蓝印花布审美价值、文化价值和情感价值三方面的探讨，分析蓝印花布现有文化创意产品的存在形式及其特点。

随着经济水平的提高，人们对文化娱乐产品的需求日益提高，蓝印花布作为中国传统印染工艺品之一，以手纺、手织、手染的民间工艺和朴素鲜明的蓝白印花闻名于世，但其文化创意产品设计仍然处于停滞状态。在新形势下，充分发挥现代文化、科学技术的优势，发展蓝印花布文化创意产品，成为唤醒非物质文化遗产活力的关键，也直接关系到我国传统文化技艺的长远发展。

一、蓝印花布在文化创意产品中的应用价值

（一）蓝印花布的审美价值

蓝印花布是我国传统的印染工艺品，用途十分广泛，经常被应用于服装、床品、包袱、头巾等生活用品上，从侧面反映出蓝印花布上具有的民族特色传统图案是中国古代劳动人民大众审美的浓缩，独具韵味。

蓝印花布在色彩的选择上只选用蓝色和白色两种，因此，蓝印花布通常被划分为蓝底白花和白底蓝花两种形式。在纹样的运用方面，蓝印花布取材广泛，大致可分为五类：1.植物纹样，如"梅兰竹菊""牡丹莲花"等吉祥纹样；2.动物纹样，动物纹样表现起来更为复杂，最具有代表性的是寓意吉庆有余的锦鲤；3.人物纹样，蓝印花布的人物纹样多源于民间流传的神话故事、戏曲人物，"八仙过海"就是其中最为常见的纹样元素；4.几何纹样，常以规律组合的三角形、波浪形构成，运用重复、对称等组合形式产生韵律之美；5.文字纹样，多以"福、禄、寿"等吉祥文字作为纹样中心，以表达美好愿望。

（二）蓝印花布的文化价值

蓝印花布背后蕴藏着深厚的文化价值，不单单指其艺术的表现形式，还有其背后代代相传的手工制作技艺。蓝印花布的制作工艺十分复杂，将事先镂刻好花纹的油纸板蒙在准备好的棉布上，刮上特制的石灰粉糊，晒干粉糊后投入靛蓝染料中进行染色，等靛蓝完全渗透后洗净棉布表面粉糊，再次晾晒即可。

蓝印花布丰富的纹样、明亮的色彩归因于传统手工艺。受油纸板手工镂刻的工艺限制，蓝印花布的纹样图案通常都是以断续的点、线元素来表现的，点、线的形态决定了图案元素的单一。因此，手工艺人只能不断增加和变换点、线组合来刻画图案。但也正因如此，蓝印花布才得以与其他的艺术形式区分开来，被民众接受，流传至今。

（三）蓝印花布的情感价值

中国有借物抒情的传统，例如莲花表达了清廉高洁的品质，梅花代表了一身傲气的形象。蓝印花布同样也通过纹样图案表达了劳动人民的情感，使蓝印花布不但拥有外在图形的形式美，也蕴含了人们对美好生活的向往，以及祈求健康平安、多子多孙、丰衣足食的美好愿望，这也是人们喜爱它的原因之一。设计不能徒有其表，具备了美好的寓

意才能形神兼备。蝴蝶纹样是蓝印花布最常见的动物纹样，在现有收藏和收集的作品中不难见到其身影。蝴蝶纹样的织物常作为婚嫁时的赠礼出现在陪嫁物品中，寄托了人们对于新人婚姻的祝福与对美好爱情的向往。蓝印花布中以蝴蝶纹为主的纹样有蝶恋花、百蝶图、寿居耄耋等，蝴蝶展翅起舞与侧飞收翅形态均有，且活灵活现，有翩翩起舞之意。以蝴蝶为辅助出现的纹样有凤凰牡丹图、四季平安、金鱼戏莲等，用以装饰画面，衬托主题。除此之外，鸳鸯双宿双栖，象征着甜蜜的爱情；牡丹是"花中之王"，自古让人喜爱，象征着富贵；莲蓬、石榴内多果实，则象征着多子多孙。中华民族历史悠久，文化内涵丰富，深深地引入了蓝印花布的纹样图案之中，寄托了人们对生活的向往和憧憬。

二、蓝印花布文化创意产品现状

蓝印花布的文化创意产品目前还相对处于较为滞后的阶段，大多是传统的蓝印花布周边产品或者旅游纪念品。目前，蓝印花布的产品主要以三种形式出现：旅游景区纪念品、博物馆周边产品以及专门的品牌专卖店。

蓝印花布作为优秀的江浙地区非物质文化遗产，经常以旅游景区纪念品的形式在江浙地区的旅游景区销售，尤其是江浙独具特色的水乡。其中，以浙江桐乡的乌镇最为著名，乌镇河岸两旁随处可见销售蓝印花布产品的摊位，多以蓝印花布为材质制成提包、雨伞、衣服等，但纹样老旧，很难被年轻消费群体接受。除此之外，乌镇还设有蓝印花布展览馆，展示蓝印花布的悠久历史和制作工艺。

蓝印花布作为非物质文化遗产，它的保护和传承问题近年来逐渐受到了人们的关注，成立蓝印花布博物馆成为一种保护和传承此手工技艺的重要途径。蓝印花布博物馆多出现在江浙一带，例如江苏南通的蓝印花布博物馆、江苏无锡的民间蓝印花布博物馆、上海的中国蓝印花布博物馆。国家级非物质文化遗产传承人吴元新在其中贡献了很大的力量，一手建立了南通蓝印花布博物馆并任馆长，创立名为"元新蓝"的品牌，不但设计蓝印花布周边产品，还设立"素手染蓝"花课程以传播蓝印花布技艺。

目前，蓝印花布专门的品牌还比较少。以浙江桐乡的丰同裕为典型，该品牌获得了"中华老字号"的称号，在江浙一带颇有影响力。但这一类品牌缺乏创新性，在产品的设计上也没有做出改良顺应新的时尚元素，仍然是最古老的蓝印花布纹样，反映的是古时劳动人民的生产画面和美好愿望，无法让现代人产生共鸣，没有被大众所接受。

三、蓝印花布文化创意产品设计策略

（一）基于蓝印花布深厚的历史文化背景

蓝印花布具有深厚的文化价值，它以简单、原始的蓝白两色，创造出一个淳朴自然、绚丽多姿的艺术世界，形成独特的艺术风格，深刻反映了中国传统文化的历史底蕴。

道家崇尚的"天人合一"观念被深深融入蓝印花布的制作技艺中，来自大自然的天然染料与面料，抽象古朴的纹样设计，手工制作，平淡真实，恰好遵从了道家崇尚自然、天人合一的观念，也迎合了现代人返璞归真、追求天然的需求。蓝印花布的蓝底白花与白底蓝花两色通过对比产生和谐之美，与古人在《周易》中所说的阴阳太极观念不谋而合，体现了中国传统文化思想的精髓。同时，蓝印花布纹样的设计通常遵循了"天圆地方"的理念，方中有圆、圆中有方的设计格局最为常见。因此，蓝印花布文化创意产品的设计虽然有创意的部分，但仍然要基于蓝印花布背后深厚的历史文化背景，基于中国千年的传统文化思想。

（二）以现代科技为载体

如今，蓝印花布的生产主要集中在江浙一带，多以民间工坊的形式出现，最具代表性的是位于江苏南通的蓝印花布博物馆。博物馆致力于复原传统手工技艺，以民间艺人收徒培养后人手工制作的方式传承，但技艺并不能广泛传播。如今科技发展迅速，在很多环节可以用机器来取代手工制作技艺以节省制作的周期，例如可以用计算机设计蓝印花布的纹样，机器取代手工镂刻油纸板，其他环节则仍然保持手工制作，既保持了手工制作的原汁原味，又可以在一些环节上省时省力。

现在设计的主流方向是智能化，因此，在设计开发蓝印花布文化创意产品的时候有必要将智能化作为重要参考。可以从以下几个角度思考：1.设计关于蓝印花布织物的移动设备 APP。在移动客户端设计蓝印花布的相关 APP，蓝印花布背后最珍贵的就是其手工制作技艺，可以此为切入点设计一款 APP 展示蓝印花布的制作技艺，用交互的方式使用户体验制作蓝印花布的过程和了解其背后的文化内涵。2.与电商合作。用户可以定制蓝印花布纹样，将自己设计的纹样上传至电商下单，足不出户即可获得独一无二的蓝印花布产品，线上线下同步销售有利于蓝印花布的推广和传承。3.运用虚拟与现实增强技术。虚拟现实技术是一种可以创建和体验虚拟世界的计算机仿真系统，利用计算机生成一种模拟环境，是一种多源信息融合的、交互式的三维动态视景和实体行为的系统仿真，使用户沉浸到该环境中。可以将此技术运用到蓝印花布文化创意产品设计中，让用户通过设备体验采摘蓝草、浸染蓝印花布等工艺，达到普及蓝印花布制作工艺与文化背景的目的。

（三）结合地域文化进行纹样设计

传统的蓝衣花布质地过于单一，是阻碍蓝印花布成为流行的因素之一。蓝印花布以粗棉布为材料，弹性差、易起皱、受湿易霉变、光泽暗淡等缺点直接影响了外观效果。同时，单一的面料质地极大地制约了实际应用层面上的造型设计与风格。绝大部分的蓝印花布在纹样的表现和内容上如同民间花纸、窗花一样，多选用传统民间吉祥图案为主，这对于生活在都市的现代人来说虽然能从内容上、形式上感觉到一丝新奇，但却不能充分满足现代人对纹样的各种要求，其局限也是显而易见的。蓝印花布作为纺织品虽在江浙地区广为流传，但进一步的流传和发展仍然需要努力在全国乃至全球范围让大众接受和熟知，同为非物质文化遗产的京剧和书法已经成为中华民族最具有代表性的文化符号。如利用蓝印花布的日本品牌蓝布堂，虽然蓝印花布起源于中国，但随着中国文化的迁徙而东渡日本，成为日本民间广受欢迎的织物制品。日本人不仅继承了蓝印花布的传统染织方法，更将其发扬光大，应用于多个领域。日本人对蓝印花布的利用以及对传统文化的保护与传承值得借鉴。品牌蓝布堂的产品主要涉及文具、办公用品、日用品、服装等。蓝印花布纯天然、无污染的特性成为蓝布堂推广其产品的重要砝码。在遍布日本各大城市的蓝布堂专卖店中，都可以从其宣传海报上了解到蓝布堂产品的这一特性。如果说蓝布堂产品的原料纯天然是其一大特色的话，更令人推崇的则是蓝布堂产品紧跟时代潮流的设计理念。这一理念使得蓝印花布这一来自中国的传统手工印染技术得以在现代社会备受关注。蓝印花布文化创意产品的设计应与地域文化结合，根据丰富的地域文化而延展不同造型、不同功能的特色产品。美国著名连锁咖啡品牌星巴克销售咖啡的同时也在销售自己设计的咖啡杯，并且销量惊人，这与品牌与地域特色相结合是分不开的，例如每年日本樱花盛开的季节，星巴克会推出樱花系列水杯，还会根据每个城市的地标建筑推出城市杯供该城市的消费者选择。

蓝印花布作为中华文化的强大载体，具有无限的设计潜力与空间。在设计蓝印花布文化创意产品时可融入其他城市元素，以城市地标为纹样元素设计，或者在当地特色文化产品上融入蓝印花布的元素，以丰富目前文化创意产品的种类。蓝印花布在文化创意产品设计策略上首先以品牌建设促企业发展；其次，突出蓝印花布产品生态环保的特征，实用型、生活化是未来蓝印花布文化创意产品的发展方向；最后，一些蓝印花布设计产品需要适度包装，应跳出"蓝印"的框架。

蓝印花布是我国传统的印染工艺品，是中华民族的文化瑰宝与精神财富，要将蓝印花布与文化创意产品融合，不仅要研究蓝印花布的艺术特征，而且要领会蓝印花布纹样所蕴含的文化内涵，在传承的基础上创新。除此之外，还要充分考虑市场经济的因素，运用现代设计的思维和特点将传统手工艺与时尚元素、科学技术相结合，为蓝印花布的发展寻找一条现代设计开发的道路，帮助蓝印花布更好地发展下去。

第四节 花腰傣符号在文化创意产品中的应用

本节以傣族中的花腰傣为例，通过分析其服饰纹样及其符号功能，提炼出能彰显其民族文化内涵的设计元素，运用到花腰傣文化创意产品设计中，使此类产品在满足其本体实用功能的同时也能让使用者感受其中蕴含的花腰傣民族文化内涵。

花腰傣作为傣族的三个分支之一，也被称为"傣雅"，主要分布在云南省新平、元江两地，与哈尼族、彝族结伴而居。历经千百年的历史沧桑和文化融合，形成了花腰傣独特的人文，也造就了其服饰装饰艺术的鲜明特色。花腰傣服饰中有象征意义的图案纹样和华丽的色彩表现方式，体现了花腰傣独特的文化传统、生活方式和审美趣味，具有丰富的文化内涵和研究价值。这些丰富多样的纹样元素是花腰傣文化创意产品设计的基石。

一、花腰傣服饰文化的典型色彩、纹样介绍

花腰傣正是因为其独特的服饰文化而区别于其他傣族支系，它们的色彩、图案、造型等装饰元素与其他民族服饰有其共性，但也有自己的特点。

由于地理因素及文化融合等原因，花腰傣服饰在演变历程中受到哈尼族、彝族"尚黑"的影响，黑色是花腰傣服饰色彩搭配中的基调，但花腰傣服饰整体却并不单调，反

而用色毫不保守，非常大胆。花腰傣妇女们会使用非常醒目的装饰色点缀在黑色衣裙及头饰的边角，最醒目的如红色，此外还有白、黄、紫、蓝、绿等，这些多彩的颜色与服饰上镶嵌的银饰在黑色的底图上形成了强烈的视觉冲击力，这些纹型元素使人联想到太阳、星辰、高山、植物以及劳动中的人们等形象内涵，体现了花腰傣自然崇拜和祖先崇拜的民族文化。花腰傣服饰上还有一种异常抢眼的装饰物，那就是整齐排列的银泡，这些银泡常常装点在花腰傣服饰内衣的前胸、领口，以及外套的左右两边和颈部。这些亮丽的银色让色彩丰富的花腰傣服饰拥有了独特的贵族服饰魅力。花腰傣没有自己的专属文字传承下来，但是其服饰上的图案纹样却成了在传承中记录本民族历史、反映本民族生活方式、民族心理、审美趣味等多方面文化因素的特殊符号。花腰傣服饰上的纹样主要有三种形态，表现最多的为装饰几何形态，如点、线、圆、三角、菱形等；此外还有表现自然类的，如花草、鸟兽、鱼虫、日月等；和表现人及其生活文化的，如人的外貌、各种活动、文字、住用等。每个纹形就像一个特殊符号代表着不同的象征意义：连续的三角纹形象征着傣族世代居住的高山谷底；交错的菱形纹形象征着傣族人民血脉相连、团结和睦；神兽纹形象征着傣族人民自然崇拜的文化传统。这些基础纹形通过演变、推移、扩展、组合成更多纹形，在花腰傣服饰上既表现出了华丽美感又展现了花腰傣丰富多彩的传统文化内涵。

花腰傣服饰的款式及穿搭方式也有自己独特的"形式法则"，即结构偏离和不对称性。如花腰傣妇女出门所戴的笠帽，并不是正戴在头上，而是斜顶在头上，这种结构偏离的形态搭配法加上笠帽独特的"碟状"设计，使得笠帽既有防晒的实用功能又有活泼的装饰功能。而不对称性应用在花腰傣服饰的形状上，表现为外衣左短右长；应用在服饰的图案装饰上，则表现为左边横条右边竖条，且横宽竖窄，颜色也无定数。

二、文化创意产品设计的特征

在文化创意产品设计的过程中，不仅要让产品对使用者的身心具有良好的亲和性与匹配性，由于这些创意产品的设计主题是传播其代表的花腰傣民族传统文化，因此通过产品将其背后蕴含的民族文化内涵及其民俗价值传递给使用者，也是重中之重。

要设计出能表达花腰傣文化语言的文化创意产品要注意以下几个特征：

（一）关联性

文化形成于人与人、人与环境相互之间的联系中，而花腰傣作为一种聚居地民族文化蕴含了众多只存在于该地区该民族的独特人文精神与环境氛围，包括产品材料的来源、当地的生态环境状况、居民的生活形态风貌等众多元素，这些不同的社会、人文、环境因素都可以相互之间形成联系，通过相互影响形成一个完整的花腰傣民族文化生态系统。

（二）独创性

产品的独特创造了其价值感，如今消费者在选择产品时，都不仅局限于实用功能上，也会更多考虑其精神层面的需求，能否将地方文化元素以创造性的表现方式呈现于民族性文化创意产品设计中，直接影响了其价值属性，而来自花腰傣所拥有的特殊文化元素要想给消费者独特的情怀感触，取决于产品设计的独特性和原创性。

（三）整体性

整体性是产品设计的一个特性，文化创意产品设计也不例外。整体性也是文化创意产品设计实施过程中的一项指导原则，在这项原则下，花腰傣文化创意产品设计应从研究花腰傣人文基础与社会环境及自然背景的关系出发，整体地思考一切与花腰傣民族文化相关的人与事物。

（四）融合性

在经济全球化的背景下，无论是制造还是销售，文化创意产品已不再局限于生产地本区域，而是逐渐扩散至全国甚至全球各个销售市场，花腰傣文化创意产品作为花腰傣民族文化的内涵载体也不仅仅只是花腰傣传统纹样的堆砌和简单表现，还要融合当今时代通用和流行元素，让其在传达花腰傣特有民族文化的同时也能融入进其他文化背景下的消费者群体中。

三、花腰傣服饰中的纹样符号应用研究

随着交通的便利、传媒的快捷以及各地方文化逐渐融合，地方文化的独特性越发重要起来，少数民族文化有着其天然的稀缺优势，但当前我国已有的少数民族文化创意产品的设计大部分都是对民族文化特征元素生搬硬套，同时由于各民族间的结伴而居及传承中的文化融合，经常出现多个民族的特征元素雷同甚至相同的情况，以至于各个少数民族文化创意产品大都类似，缺乏各个民族自身的文化特色，消费者仅仅知道这些文化创意产品代表着少数民族，但却无法明确地分辨出其具体代表的是哪个民族的什么文化内涵。本节将花腰傣服饰的外在形状、色彩、图样、材质、结构等分解重构，将抽象的文化信息转化成视觉符号，并通过产品的设计传达给消费者，这种意象转化手法可归纳为四个方面。

（一）强调特征文化

因为地域相近的少数民族间的文化特征通常十分相近，为了避免在设计表现上产生雷同，每一件花腰傣文化创意产品设计中都应该有一个共通的且与众不同的花腰傣特征文化作为其构思来源，从而强调花腰傣文化与其他少数民族文化的不同。

（二）元素再构与创新

为表现花腰傣文化创意产品的独创性，设计师在进行产品设计过程中要从花腰傣服饰文化中提取最具代表性，最好是与其他民族文化有明显差异的纹样元素，并对这些纹样元素及其内在信息源进行深入挖掘，扩展其内涵辐射面，在此基础上进行置换与创新，然后再融入产品中。

（三）文化观察与联想

花腰傣文化创意产品的设计理念来自花腰傣服饰传统纹样，这些纹样元素要能准确传达出其背后特有的民族文化故事性，需要设计者对这些纹样元素所代表的民族文化进行充分观察与理解，在此基础上进行联想、取舍、分解、重构，以便设计出更利于消费者理解与传播的文化创意产品，而消费者通过与他人分享产品或产品所代表的民族文化故事，来达成对民族文化的认同与传播。

（四）细节整合与完善

由于经济全球化及国家对提高文化自信等政策的提出，近年各种本土或地域文化开始不断崛起，文化创意产品展示及销售范围越来越广，购买者来源也越来越多变，因此对花腰傣民族文化创意产品的设计必须以全局观的视角兼顾其美学与环保性能。在产品设计过程中通过对其质量、视觉细节、人性化设计等方面进行整合与提升，完善产品的整体性与表现力，从而积极引导大众关注花腰傣民族文化。

四、花腰傣服饰纹样文化创意产品实例分析

"花腰包"系列是以花腰傣服饰文化为元素提取来源，进行设计转化的花腰傣文化创意产品。设计通过对花腰傣元素进行再构与创新，保持其传统刺绣工艺，搭配系列故事营销的手法设计出能强化花腰傣特有服饰符号的文化创意产品。让消费者在使用产品的过程中，产生强化花腰傣符号特征的感官记忆，达到让使用者了解花腰傣独特文化内涵，产生记忆共鸣的效果。在设计方法上，首先强调特征文化，确定产品中间"花腰"彩条的结构形式，其次提取元素并进行创新，如提取花腰傣服饰上常出现的银泡和彩色几何纹样元素并进行元素组合；然后深入观察了花腰傣文并随之联想后，在选择几何纹样时，就选取了能表现花腰傣自然崇拜、祖先崇拜等文化故事的几何符号进行重新解构组合；最后再进行整体视觉细节的完善，完成花腰傣文化创意产品的设计转化。

在对花腰傣民族文化进行创意产品设计的时候，并不能简单地直接对传统纹样图案生搬硬套或拘泥成规，而应合理取舍，用现代设计的手法将纹样元素进行提取加工，或是在符号化的纹样元素上提取概念，在意识形态上回归本源进行再设计。在民族主题的文化创意产品设计中，诸多元素的整合运用都是为了最终产品的文化传达和广泛流通。总的来说，设计的最终目的是商品性。

第五节 河南非物质文化遗产
在文化创意产品设计中的应用

文化创意产业的快速发展使本土文化和地域文化被倡导，蕴含着独特文化基因和文化价值的非物质文化遗产成为产品文化创意产品设计的重要来源。河南因其独特的位置，有着悠久的历史文化传统，艺术种类繁多、特色鲜明的非物质文化遗产令人瞩目。本节主要介绍并研究河南非物质文化遗产在文化创意产品设计中的应用，以期通过河南非物质文化遗产与文化创意产品的融合创新设计，更好地传承和创新发展河南文化。

非物质文化遗产所表达出的强大文化内涵在文化创意产品设计上能够得到较充分的展现，是艺术创意设计中的核心环节。因此，研究非物质文化遗产中的文化符号在文化创意产品设计上的应用十分必要。本文主要研究河南非物质文化遗产中的文化元素在文化创意产品设计中的应用，同时发掘艺术类非物质文化遗产符号的更大艺术价值，提出非物质文化遗产中文化元素应用到文化创意产品的创新路径，以期为河南非物质文化遗产在现代设计中的传承提供新思路。

一、河南非物质文化遗产与文化创意产品

（一）河南非物质文化遗产

河南是非物质文化遗产资源大省，其非物质文化遗产遍布省内各个地区，具有鲜明的地域和文化特色。例如，淮阳泥泥狗被专家们誉为"真图腾"，浚县泥咕咕被民俗学专家称为历史的活化石。再如，河洛大鼓、朱仙镇木版年画、辉县剪纸、开封汴绣、洛阳面塑、安阳烙画、杞县陈氏麦秆画、宝丰酒传统酿造技艺、唐三彩烧制技艺、信阳毛尖传统炒制技艺等非物质文化遗产都有着浓厚的传统文化特色。

（二）文化创意产品

文化创意产品是艺术衍生品的一种，就是把古老的非物质文化遗产的符号语义、美学特征、人文精神、文化元素等加以提炼，用新颖的创意，以令人耳目一新的形式活态地重现在现代产品设计上。古老的非物质文化遗产（元素）内涵包括文字符号、特色历史建筑（构筑物）、民俗用品、文具、生产生活工具等。河南对于非物质文化遗产的传承和创意产品转化进行了各种各样的尝试。一般开发的应用领域主要在"平面艺术设计""家居旅行用品设计""服饰设计"等方面。

二、河南非物质文化遗产在文化创意产品设计中的应用意义

非物质文化遗产的文化符号应用在文化创意产品上，使文化创意产品得到了较好发展，主要得力于其非物质文化遗产得到了一定的保护与发扬。而非物质文化遗产项目经过创意设计后，有效地提升了产品的文化内涵和精神实质，增强了产品的时代感、使命感，更具有人性化和情感化，从而更加吸引大众参与并购买。

三、河南非物质文化遗产在文化创意产品设计中的应用现状

（一）文化内涵缺失

目前，以河南非物质文化遗产为设计元素的文化创意产品开发较少，许多产品都是千篇一律的旅游纪念品，极度缺乏品牌意识和设计包装意识，能够见到的以河南非物质文化遗产符号为设计元素的文化创意产品更是凤毛麟角。当前，已经形成的稍有规模的文化创意产品品牌有三个，分别是豫游纪、老家礼物和印象小镇，但与省外同业者相比，不论是对非物质文化提取，还是文化与产品载体的选材、加工技艺等方面仍有较大可提升空间。

（二）文化创意产品品质参差不齐

市场上的很多文化创意产品大多出现在旅游景区或者普通门店，部分游客为了追求价格低廉或者求多，导致文化创意产品品质低劣，材料劣质，影响了文化创意产品的文

化价值，使得非物质文化遗产并不能实现较好的传承与发展，在一定程度上降低了非物质文化遗产在民众心中的地位。

（三）缺乏个性特征

市场上不同品牌的文化创意产品包装设计、外观造型趋于雷同，没有自我定位，缺乏个性符号，导致大众产生审美疲劳，降低了购买欲。很多非物质文化遗产的文化创意产品并未与自身的品牌文化内涵很好地相互呼应，所以市场存活率低。而经典的文化创意产品设计一般具有较强的独特性、辨识性和稀缺性，其设计更具非物质文化遗产的独特文化特征。

四、河南非物质文化遗产在文化创意产品设计中的应用方法

探究河南非物质文化遗产的文化创意产品设计方法，是本节研究的重点，也是贯穿文化创意产品设计的关键。因此，在设计上采用以下三个方法。

（一）产品文化内核的创新设计

深度挖掘河南非物质文化遗产中的文化，才能在文化创意产品设计时准确传达。不同的非物质文化遗产项目的特色截然不同，凸显在产品设计上的表现也不同。主体产品或者系列产品的 IP 形象应具体明确，生动展现非物质文化遗产的文化内涵，并通过文化创意产品回归大众的生活。例如，平面设计类的产品有比较实用的书签、钥匙扣、手工皂、冰箱贴、手包、笔记本、杯垫、手机壳等；在家居软装的文化创意上，打造具有非物质文化遗产元素的沙发垫、沙发套组合、抱枕、地垫、防滑垫、装饰画、摆件等；在服饰的装点饰品上，添加非物质文化遗产元素，从生活的方方面面将非物质文化遗产中的文化传承发展下去。

（二）采用传统与现代结合的包装设计

1.图形是包装的眼睛。包装上的图形所选取的符号元素，一定是河南非物质文化遗产中最具典型的文化元素。例如，著名的豫游记品牌包装上就是利用河南典型的瑞兽形象与精美纹样结合的图形，图形丰富多样，文化元素相对统一，整体识别度高，凸显品

牌文化的同时点亮河南特色文化。

2.色彩是包装的表情。利用好色彩的象征意义与色彩组合来展现文化创意产品的魅力。例如,何景明牌信阳毛尖茶叶的包装就是在绿色这一主色调的基础上进行了色彩创新,改变了绿色的明度与纯度,运用色彩的调和衍生出了豆绿色和蓝绿色的系列礼盒。从情感上说,豆绿色看起来舒适又养眼,元气满满,象征着未来,其清新又自然的调性让人观看时有种被净化的奇妙感受,仿佛连呼吸都显得更为清新畅快,与茶叶的品性十分吻合。蓝绿色是介于蓝色和绿色之间的一种颜色,是与慷慨、豪爽的情感语言联系在一起的颜色,其象征意义与何景明毛尖的品牌文化理念合理呼应。

3.从材料的选用上看,纸作为包装设计最为常见的一种材质,有可塑性、灵活性、柔韧性的特点,是制作大部分创意产品的首选材料。例如,一些可食用的非物质文化遗产,其包装应使用环保的传统牛皮纸或者麻绳编织物,增强传统文化的内涵感、厚重感、时代感。

河南是中华文明的发祥地之一,具有悠久的历史和灿烂的文化。河南非物质文化遗产中的文化资源十分丰富,应充分挖掘自身的资源优势,结合现代文化创意产品的发展,将河南传统文化与现代文化有机结合起来,形成强大的品牌文化效应,让河南非物质文化遗产以崭新的文化创意走向世界。

第六节 茶文化创意产品设计在数字平台上的应用

国内经济的高速发展,推动了国民性普及度较高的茶叶消费。茶叶产品的发展除在自身茶种的工艺手法上多有不同外,其余茶叶周边创新产品较少。面对巨大的茶叶创新产品市场,以海南高校文化创意艺术设计活动案例为基点,本节论述了茶文化创意产品设计在数字平台上应用的可行性及对策。

一、茶文化创意产品设计现状

基于茶文化的传统地位及人们对茶叶的认知固化，茶文化创意产品设计理念及开发渠道十分狭窄。茶文化作为传统而非主流的时尚文化，创意产品的设计现状不容乐观。

（一）设计理念传统

茶文化创意产品的设计主要体现在"创意"一词，然而受固有茶叶形象的限制，设计师对在茶叶产品上所做的创意内容，无一不是围绕历史、传统、高雅、清新等关键词展开。这些关键词依旧跳不出茶叶给人的固有印象。这就大大限制茶文化产品的主题概念及发展方向。而在创意形式上，也千篇一律地在茶盒封面设计、茶盒形状设计上下功夫。仅仅围绕"茶叶"而非茶文化来开展创意活动，使设计理念传统老气，茶文化的发展无法与当下流行文化接轨。在茶产品的广告设计上，设计师也通常是以中老年的喜好来进行广告策划拍摄。然而，茶文化作为当下新时代的主流文化之一，受众群体已经从老年人逐步向中青年甚至少年儿童过渡，人们对茶文化的兴趣不单单是在"茶叶"这一种类上，还包括除茶叶以外的茶文化元素。

（二）产品类型单一

现今茶叶创意产品的类型十分单一，除茶盒、茶具、茶叶之外，几乎没有任何创新。在 2017 年茶产品年度展销会上，展出的都是极品茶种、高级茶具，少数茶商展出了茶叶研磨工具或与茶艺有关的产品，其余茶元素几乎没有。茶文化不仅包括茶叶、茶艺、茶具，还包括茶经、茶学、茶故事、茶戏曲、茶道及茶德等等数十种可利用的元素。然而当下的茶产品市场仅仅利用了前文提到的前三种元素，忽视了茶叶的其他元素。茶文化发展到近代，还出现了茶数学、茶科学、茶化学等茶新型元素，在茶叶产品的设计上，依旧没有把这些新型元素用上。综上所述，茶产品类型过于单一，导致销售渠道和发展空间狭窄。

（三）开发渠道狭窄

茶叶创意产品的发展受限，一大原因是文化创意产品开发渠道狭窄。茶商与创意设计师之间没有直接联系，茶产业内部能找到互相适合的合作人员几乎很难。以海南高校文化创意人员培养必须建立数字化平台为例,在培养创意设计师的同时,必须让他们的理念及作品能够与客户人员进行联系。否则,人才的培养仅仅成了个人水平的提高,缺少平台无法为相应的文化创意产品设计献出其自身价值。不仅茶叶设计师与茶商无法接轨,茶商制作出的新产品与茶市场的沟通也是问题。国内茶商多分散,无统一管理和交流渠道,因此互相信息不透明,导致开发渠道艰难、发展空间狭窄等问题。综上所述,开发茶创意产品数字化平台势在必行。

二、茶产品设计数字平台可行性分析

(一)推动周边产品多元发展

茶文化创意产品的数字平台十分可行,有了平台的支撑,便能推动茶文化周边的各种创意产品。在平台上,人们的信息共享、透明,像茶经、茶书、茶联等小众的、无法厂家大规模生产的茶元素,都可在平台上售卖,甚至还可以定做。茶商与设计师及顾客三方直接联系,省去了物流成本和门店成本,以及先买后做、先沟通后开发的模式,也有助于茶文化产品的良性发展。数字化平台上,人人都可以发表自己对茶产品的需求见解,茶商还可就新出产品进行投票,这样创意产品开发不脱离群众,避免了创意开发误区。数字化平台的建立有强大的信息处理功能,方便线上交流可以促进茶周边产品的多元发展,线上还可开设茶艺、茶道讲解课程,在建立了又一新线上周边产品的同时,促进了茶文化的传播。

(二)提高茶叶创意征集渠道

数字平台的建设,可以提高茶叶创意产品征集渠道。在以往的茶叶创意产品设计中,都是设计师动脑,自己完成设计,这不仅对设计师是个巨大的任务量,也是对茶产品思维想象的限制。单独一人的想法当然抵不过平台上群众的共同想法。在数字化平台上共享茶叶信息,征集茶叶产品创意设计,人们可以根据自己的喜好或者想法提出天马行空的茶产品创意,经过平台群众投票认可、茶商取用后,再去交由设计师设计。这样不仅可以扩大茶创意产品的受众面,吸取各方的创意精华,还方便了设计师的工作。并且,由群众票选征集出的茶创意产品,必将回归于群众,可解决以往茶创意产品不被群众认可、销售不出的情况。艺术创意来源于生活,最终回归群众生活,因此产品既要有创意,又要贴合实际，符合人民大众的审美及使用意义。

（三）完善茶文化产业链体系

前文提到过，茶文化创意产品发展的瓶颈，除了其本身设计理念陈旧、产品类型选用单一外，销售开发渠道狭窄也限制了茶文化创意产品的发展。基于高校文化创意产品设计案例教学数字化平台建设的研究可知，必须在数字平台上设置茶文化创意产品的一系列产业链体系，才能真正地促进茶产品市场的发展。茶文化产业链体系包括创意提出、产品开发、销售渠道、售后服务等等一系列完整的组织结构。这一系列产业体系都在数字平台上得以开发建立，既方便了茶农茶商及消费者三方群体，还便于茶产品的创意研发及管理。茶产品的创意研发必须是积极向上的，不能是猎奇的、为吸引眼球降低下线的。因此，完善茶文化产业链体系，有助于促进茶创意产品产业良性发展。

三、茶产品设计数字平台发展对策

（一）培养茶文化产品设计人才

基于海南省高等学校关于高校文化创意产品艺术设计人才培养的案例，对于茶文化创意产品的数字平台运用，也急需培养其相关人才。一方面，培养茶产品创意设计人才。主要用于茶产品的创意研发、功能测试及后期修复等。茶产品设计人才不仅要对茶制作有了解，也要对茶文化下的精神元素如茶道、茶德等有深刻的学习。另一方面，培养互联网数字平台设计人才。在茶创意产品蒸蒸日上的同时，数字平台的更新及设计也要跟上茶产品设计的发展。两者相辅相成，互相促进。只有双向发展人才，才能使茶产品数字平台跟得上大众的软件更换率。

（二）开发茶文化周边隐性产品

茶创意产品中，茶艺、茶具、茶器都是茶产品中运用最广的显性元素。除此之外，应该在数字平台上大力开发茶隐性产品元素。对于茶叶尚未被开发成产品的区域来讲，开发周边隐性产品是最大限度地发展茶创意产品的平台，不仅促进了茶叶市场的发展，还能使茶叶文化完成一次跨时代的复兴传播。隐性产品除能作为物质来拿的茶书、茶对联和制茶工具等，还可以开发精神类茶产品。例如以茶为纲进行企业管理的体系核心，茶道精神的学习、茶德的培养、茶习俗的学习、茶歌的声乐方式及茶戏的伴奏学习，等等，任何茶元素都可以在这个互联网数字时代得到最大限度的发展利用。这些茶精神文化元素吸引人们对茶文化的兴趣，在销售产品的同时，提高了茶文化工作者的积极性，传播普及了茶文化。

（三）建造人工智能茶数字平台

人工智能是现今互联网数字化的进一步发展，也是现如今科技发展的最高体现。人工智能能够模拟人类语言系统和思维脉络，这就说明了它也可以模仿人的创意系统并给出机器自己的思维创意。人工智能数字平台是数字平台的进一步发展，它可以最大限度地使茶创意产品进行发挥、整合，并不需要人工，自动根据用户需求推荐需要的产品。人工智能代替了人脑进行创意设计，并在数字平台上进行自动统筹规划、编码运行。根据用户注册时的喜好及网页点击量，人工智能可自动推送不同用户最感兴趣的创意产品，便于用户查找及产品推广，大大提高了数字平台的使用及茶文化创意产品的发展，反之人工智能数字平台也是茶文化的最高创意产品。在人工智能的时代里，茶文化创意产品将会得到前所未有的发展。

茶文化创意产品设计在数字平台上的应用，可促进茶产品自身创意研发，且数字平台上茶文化产品产业链的完善，也将推动茶产品市场进行大幅革新。综上所述，茶文化创意产品设计在数字平台应用具有可行性。

第六章 现代文化创意产业实践

第一节 出版业

在激烈的市场竞争中，出版产品在市场上难以打开销路，这与出版产品缺乏创意有关。要知道，毫无创意的产品难以引起消费者的兴趣，更难以拓展市场。当然，产品创意并非凭空想象，创意者要有一定的科技头脑，能够摸透消费者心理，并有投其所好的本领，如此才能使出版的创意产品一举成功，使消费者"一见钟情"，从而使产品不断拓展新的市场空间，并在市场竞争中一枝独秀，畅销不衰。出版业既属于制造业，也属于服务业，本质上是以印刷书刊为中心，加工制造文化传播载体，把别人的创意传播出去的一个产业。

出版创意产业的核心是要构筑产业链和实现产业的延伸，而在产业链上滚动的最值钱的就是知识产权。随着产业链的滚动，当作品被制作成电影、电视以及其他衍生品时，其版权被多形式、多途径地开发，得到释放，才能实现飞跃式提升，这才是"创意"成为"创富"的关键。

"一个伟大的创意能使默默无闻的品牌一夜间闻名全球，一个伟大的创意能开创一个事业或挽救一个企业。"出版业是内容产业，图书本身就要求体现创新思想，全世界认同的图书产品必须是有创新的。图书市场源自读者的阅读需求，而阅读需求是不断变化的，如果长期得不到满足就会逐渐减退，进而反过来作用于出版市场。图书创意一是要注重单本原创图书的出版；二是在出版过程中，强调从市场和读者的角度出发，进行大规模的文化创新。图书出版创新包含内容创新、形式创新、销售创新等一整套的出版创新体系。因此，出版创意可以大致归结为选题策划创意、装帧设计创意、营销（广告）创意、版权（保护）创意和创意人才的培养等内容。

一、选题策划创意

一本好书，首先必须拥有好的选题。有一个好的选题策划，那么这本书就成功了一半。如上海文艺出版社策划出版的 16 卷大型史书《话说中国》，选题策划历时 8 年，终于在 2005 年全部推出。这套全方位展示中国五千年历史的精品图书以其全新的叙事方式和编辑理念，以"立足于学术、着眼于大众"为特色，创造了一种"从任何一页都可以开始阅读"的全新形式。读者从任何一页翻开，看到的都是一个独立的小故事和与它相关的知识点——每一个版面都形成了一个完整的阅读单元。读者在阅读一个个小故事后，记住了一段历史，也记住了这一段历史背后的魂。这套书已成为上海文艺出版社新创的文化品牌，其价值不只体现在文化传承、学术普及、人文教育，更重要的是开拓了出版的新理念、新空间、新路径，整合出版界与学术界的有效协作、双向互动，铸造和构建了自主知识产权的文化品牌和出版品牌。创新所带来的不仅仅是文化价值的认同，更有着经济效益的回报：《话说中国》已累计销售 160 多万册，总码洋达 1 亿元以上，美国《读者文摘》已购买了该书的版权，这也是这家美国老牌出版商首次在华购买图书版权。因此，选题策划是出版创意的重要环节，选题创新，书籍才能创新。策划过程中最重要的是要增强创新意识，使每一个选题都具有独创性和开拓性，即在书籍的内容、形式、写作角度和编撰体例等方面的创新，可以是开发新的选题领域，或者在原有的选题领域中拾遗补缺，创造出新的图书品种，或者改变图书的形式等，最终赋予图书全新的使用功能。每一个选题都应该有新的构思，形成鲜明的个性特色。

（一）掌握信息，获得灵感

选题的创意与灵感实际上来自编辑对各种信息与知识的有效判断。众所周知，选题源于信息，但信息不等于选题，所以编辑要想策划好选题，首先必须对与选题有关的重要信息保持高度的敏感性与灵敏性，同时对与图书选题有关的一些重要信息有超强的预测力与敏锐的思维力，并且对这些信息能做出积极的、有效的、富有创造性的选题构思与研判，即选题来自瞬间的灵感。编辑的灵感是编辑在接收信息之时，对各种有用信息做出的一个综合的、积极的反应，并在恰当的时机做出恰当的、富有新意与创意的选题判断与构思。所谓灵感，并不是空穴来风，而是对各种与选题相关的重要信息与知识进行的有用性判断。

（二）内容创新，赢得读者

优秀的内容永远是优秀媒体的主宰，维系着我们与未来世界的联系。在图书市场中，无论外界如何变幻，只要内容经得起推敲，图书就能历经百战而傲然挺立。因此，在媒介多元化的时代，提高内容质量、打造内容优势是图书编辑首先应该考虑的重中之重。特定的时代环境决定了读者的阅读内容，职场小说的兴起就是一个极好的例证。正如《杜拉拉升职记》这本书，里面有新人生存的艰难、职场的竞争、人生的困惑，众多上班族在书里体验着复杂的职场角色和生存法则。这样的图书内容契合了上班族的心理和知识所需，由此风靡一时。2007 年，《杜拉拉升职记》上市之后，销量一直居高不下。在《杜拉拉升职记》的读者中，首先，观察学习职场生存术的人数最多；其次，读者感动于杜拉拉顽强拼搏、独立奋斗的精神；最后，则是感觉杜拉拉就是自己在职场中的翻版。由此，极具现实意义的小说内容，加上富有创意的形式，让《杜拉拉升职记》受众多上班族青睐的同时，也催生了越来越多的同类小说，开启了图书的一个新门类——职场小说。图书策划编辑想要制作出更多读者喜欢的图书，就要在图书内容的选择和整理中下足功夫。面对整个图书市场，要做详细的调查，收集读者购买的图书信息，确定该阶段读者偏爱的阅读内容，并综合把握图书市场的现状和发展趋势，充分考虑读者的需要，追求内容上的创新。

（三）善于策划，主动出击

在资源整合时代，出版社的价值体现在选题策划之中。选题策划离不开创意，一旦离开了创意，图书选题也就失去了存在的价值和意义，可以说创意是选题策划的生命线。出版业的创意策划人员应善于策划，主动出击，在别的策划者想出某一创意之前，就已经想到了好的创意，体现出有超前意识的策划行为。主要有如下几种方法。

1.先行法

先行法是选题策划中最重要的策划方法，这种方法需要策划者反应及时、迅速，具有善于捕捉出版信息的能力，在思考策划选题时善于联系社会上新近发生的重大热点问题。因此，这种策划方式主要适用于社科类图书的选题策划。需要注意的是，出版时间早也不一定会畅销，关键要看图书的质量，"既要最早，又要最优"应该成为选题策划者的自觉追求。图书市场的热点具有周期性，在运用先行法策划图书选题时，需要对重大社会热点问题反应敏锐迅速，出版及时并具有一定的创意，否则容易成为跟风出版。

一些重大热点问题的出现会引发读者读书求知的兴趣，从而促使这类图书的热卖。

2.扩充法

扩充法是指当一种选题获得成功以后，策划者对其进行深度和广度延伸，也就是对相关选题进行横向和纵向的扩充。扩充法一般是研究过去一直畅销的某个选题，并把它的畅销原因分解为若干元素，在此基础上提出新的套书丛书选题。如《演讲与口才》是一本畅销书，在此基础上又延伸出了《演讲语言技巧与实践》《公关语言技巧与实践》《导游语言技巧与实践》《律师语言技巧与实践》和《主持人语言技巧与实践》系列丛书选题，使之与职业培训、各行业实践直接挂钩，达到比较理想的效果。

3.联想法

联想法是指由某一个社会现象或事件引发策划人员的联想，从而策划并形成一本书的方法。

这种方法要求图书策划人员博闻强识，可以由一种社会现象联想到与此相关的很多内容，或者由某个事件引发出无限的联想，据此构思出一个出版选题。假如我们看到叫"浪漫经典"的婚纱摄影连锁机构，就可以联想到将"浪漫经典"作为书名，策划一本关于歌颂和赞美爱情的图书，书中可以汇编国内外众多经典爱情故事。又比如，我们听过孟姜女哭长城的故事，这一故事被称为"千古绝唱"，因此，我们可以想到将"千古绝唱"作为书名，把各行各业绝无仅有的人才及绝活汇编成册。总之，联想法需要在生活体验的基础上进行加工和改造，不是臆造和胡思乱想。采用联想法进行策划，需要编辑策划人员善于体会和观察生活，并能采用逆向思维和发散思维，不断联系图书市场和生活现实，对素养要求较高。

4.借鉴法

借鉴法是指借鉴别的策划者的经验，并在此基础上反复推敲琢磨从而策划出更有创意的图书的策划行为。借鉴法可分为跟踪、反思和利用网络三种具体的操作方法。

跟踪并不是简单地跟风，而是借助一种出版潮流，打造出自己的精品图书。跟踪在这里有两层含义，一是指借鉴别人好的选题策划，二是借鉴自己曾经策划得比较成功的选题。由市面上成功的畅销图书出发思考选题是业内公开的秘密，这就是运用跟踪的方法对一些选题进行借鉴和改造，从而策划出更好的选题。例如，北京出版社出版的《登上健康快车》打响后，该社紧接着开发出版了《少儿健康快车》，针对非典肆虐的情况，又出版了《登上健康快车之非典专列》，满足了当时群众对于防治非典知识的需求。随后，其他出版社也不甘落后，将这一选题进一步扩大，这样就从一个选题中看到了新意，如国际文化出版公司出版了《踏上健康快车——注意身体的 24 个警告》，吉林人民出版社出版发行了《登上家庭营养快车》，都获得了比较好的经济效益。

反思是指当发现市场上有畅销图书后，可以反其意而为之，组织策划观点相反的图书，从而吸引读者的注意，借助畅销图书的势头分得市场一杯羹。这种方法需要策划者采用逆向思维，发掘市场冷点并等待冷点变为热点，以收到意想不到的效果。如《千万别学英语》的成功之处就在于巧妙地掌握住了读者的叛逆心理，刺激更多的人学习英语。《千万别认真》《千万别这么穿》和《千万别炒股》等图书均是运用反思法策划出的选题。在影视文化圈的"戏说风"盛行之时，许多出版社纷纷出版影视同期书，而中华书局则凭借自身的品牌号召力和扎实的学术功底，推出了旨在"解密历史真相，走出戏说误区"的"正说"历史书系列，满足了大众读者对历史真相的探索欲，受到了广大读者的一致好评。反思法实质上属于跟风，但它是从反面跟，只要跟出新意和个性，就能开辟新市场。

利用网络是通过一些出版与读书方面的论坛、贴吧、豆瓣等获得当前图书信息，并通过与网友交谈，了解读者的潜在需求，是获得选题灵感的重要途径和重要方法。点击率很高的网络文学、论坛或者知名人士的热点博客等，往往可以直接成为图书选题，如《第一次的亲密接触》《明朝那些事儿》《悟空传》等皆因网络的流行才得以出版。开卷数据查询系统、中国出版网、中国新闻出版信息网等出版专业网站，晋江文学城、中文在线、阅文集团等文学创作网站以及著名大学的网站都可以为图书策划者提供选题素材，激发策划灵感。

二、装帧设计创意

书靠装帧成型，没有装帧不称其为书。为了"传播"和便于"阅读"，图书和杂志都必须装帧，而且均以各自独特的形态呈现在人们面前。书籍装帧艺术创作的核心是设计，而设计的核心是创意。书籍装帧设计主要有书籍装帧的艺术形态、形式意味、视觉想象、文化意蕴、材料工艺等，无一不需要创意。面对数字出版带来的市场冲击，纸质图书正在艰难革新，而装帧创意正是纸质图书革新的重要方向。书籍装帧不应仅局限于视觉感受，应突破传统思维的限制。书籍的装帧在设计师的创意构思下，通过对内容、插图、色彩、纸张材料、制版、印刷等多方面元素的巧妙结合，能够对读者的触觉、嗅觉、听觉有所触动。

在书店琳琅满目的图书中想要让读者一眼就挑中你的版本，必须在图书外观设计、色彩应用、材料选用及制作工艺等方面下一番功夫。事实证明，一件成功的装帧设计能在同类作品中脱颖而出，关键在于设计者选取了一个独特的角度，一个恰到好处的表现手法，并使两者完美结合。好的装帧设计都有其独特的创意，或在构思上，或在色彩上，或在设计语言上，以鲜明的个性彰显自己的特点，也反映了设计者对美学意识的体悟和形式美的创造。例如，著名书籍设计师朱赢椿设计的《不裁》被评为 2008 年度"世界最美的书"，书籍利用附带的书签作为裁剪刀，读者可以在阅读的过程中边裁边读，这种独特的设计为读者创造了一定的期待感和新奇感，书中也有较多留白，方便读者写下阅读时的感受。另外，书籍经过裁剪又变成了"参差不齐"的毛边书，设计独具匠心，给人以另类的美感。

书籍作为一种文化商品，需要设计者的设计能充分展现书籍的社会效益和经济效益的双重属性。图书装帧创意就是通过观察、思考、想象和经验来表达作者和设计师的思想意志，使读者通过想象和联想"身临其境"。在图书市场激烈竞争的当下，图书装帧以艺术形态表现书籍内容的同时，更是作为书籍的包装和广告而存在，传达书籍内容，更以创意形态形成强有力的视觉冲击和审美快感吸引读者的购买。书籍的装帧设计创意要突出以下几个方面。

（一）装饰性

装帧设计在某种程度上也是一种装饰的表现。例如，封面上的色块、文字、字母、图案、点、线、面都要有一定的装饰性。书靠装饰才能完美，俗话说"货卖一张皮"，就像女孩子爱穿漂亮的衣服，佩戴一顶美丽的帽子，穿一双漂亮的鞋，戴一副高雅的耳环来打扮、点缀自己，使自己更加高雅、大方或娇美。封面设计也是同样，哪怕是一两块协调的颜色，一个小小的图案，一排文字或字母，放在适当的位置，整个画面会立刻生辉，就会得到意想不到的艺术效果，也能达到尽善尽美的艺术感觉，使读者产生联想。好的装帧设计有时起到画龙点睛的作用。装帧设计的装饰性要突出以下几个方面。

图案变化。图案在设计中的应用可以体现书籍的内容，有时也单纯为了装饰。财经类图书封面上的图案可以是具象的，也可以是抽象的，甚至是象征性的图案。往往一个图案的变化会达到出神入化的艺术魅力。

色彩变化。色彩是装饰上最实际的因素之一。封面的颜色基本上都是以装饰性出现的。色彩的明度变化、灰度变化、冷暖对比以及黑白灰的变化等，如果在封面上用得好，就会产生强烈的装饰效果。

文字变化。文字的装饰性应包括所限定的封面文字，包括其本身的艺术构成和以文字为主要装饰这两个方面。图书封面上的文字可以组合图书，可以形成点、线、面，也可以呈现出上、下、左、右、横、竖、斜、曲、方、正、圆等活泼的排列方式，还可以把题目中的某一个起重要因素或有趣的字进行放大或缩小处理，或题目重叠等。封面只要设计得好，可以造成多变的视觉反应和装饰效果。这方面，日本经济类图书的书装设计尤为突出。

（二）书卷气

中国和西方国家在文化精神方面存在一定的差异，西方艺术品的美感来自对"数"的掌握，如比例、长短、节奏、均衡、曲直、明暗；而中国的文化精神更注重"气"的整体观念构建和由气产生的意蕴美感享受。西方的审美特点注重实体性和明晰性，中国则更看重"气韵"的感悟，因此我国的图书装帧更应注重书籍的外在形式设计，通过对装帧设计中各个元素的整合运用，使整体呈现出深刻的意蕴美，若有似无的神韵，却将书籍整体形态呈现出立体、多面、多层次的美感。一本书就是一个生命体，这个生命体不是静止的，它是流动的，它要富于生命力，这样才能打动读者。

每个民族都有自己的民族文化、精神，有自己独特的审美，书籍作为文化传承的重要载体，在适应时代性要求的当下，更不应该丧失民族性。"书卷气"是我国图书装帧设计的显著特征，"书卷气"是对于中国文化精神中的诗意、情趣、韵味等意蕴的表达，强调设计者将自己的思想意志融通于书籍的整体形态之中，是与设计师审美情趣相结合的表现。同时，"书卷气"蕴含了儒家、道家等的文化精神集合，和谐典雅、飘逸自然、空灵虚无都是经由设计师思维的创意构成而体现。"书卷气"要求设计者不仅要对传统文化有深刻的学习和领会，还要求设计者必须具有良好的意趣修为。无论面对何种装帧风格，"书卷气"对于我国的图书装帧事业都起着重要作用。

（三）广告性

过去的图书讲究"书卷气"，即色彩协调、素雅，而现代人则追求格调鲜明、醒目，突出主题，给人以强烈的艺术视觉效果。同样，图书不能本本都追求"书卷气"，要因书的内容而定，要根据图书的特点来设计，达到内容与形式的完美统一。

在商品竞争的时代，广告意识起着一定的作用，某些情况下也起着决定性的重要作用。在不脱离"书卷气"的同时，装帧适当地增加广告味，甚至可以用强烈的广告意识在视觉上激发读者的购书欲望，以及促使书店业务人员增加订书量。如日本图书的装帧设计广告味就非常浓。用文字的大小、颜色的鲜明对比，以及在封面上加广告语，封面上印有作者或编者的肖像、照片等吸引读者。在设计上突出了广告性，也增强了竞争意识。不难看出现代书装设计不仅仅是书卷气，而在某种程度上要强化它的广告性，使社会效益和经济效益有机地结合起来。

三、营销创意

图书业流行这么一句话："出一本书并不太复杂，复杂的是要把书卖出去。"因此，图书选题策划成功与否的一个最重要的标准就是销售量。图书促销宣传活动，是指出版社或发行企业以人员或非人员的宣传方式，向读者传递书刊信息，帮助或劝说读者购买图书商品，从而促进读者的消费需求和购买行为，扩大书刊销售的一项书刊市场营销活动。作为出版者和经销者，必须让读者知道并让读者喜欢出版的书，在图书出版品种越来越多，媒体形式日益丰富，网络出版、电子图书增长快速的今天，书刊的促销宣传已经变得越来越重要。事实一再证明，市场营销的经营决策与营销策略创意企划对图书销售具有举足轻重的作用。以下图书营销创意手法值得借鉴。

（一）"三网合一"全媒体营销

将"互联网""实体店渠道"与"手机移动网络"三网合一进行销售，进而实现共赢局面，这是具有重要意义的与时俱进的新商业模式。如在公交车、地铁上搭载广告，或在移动电视上播出自己的新书资讯或书评；与新浪、搜狐、腾讯等门户网站合作，开通官方社交账户。其中设置不同的宣传板块，如新书快讯、活动公告、打折促销、网上阅读、书评及排行榜等，最重要的是吸引读者，将所有关注账户的粉丝作为自己潜在的读者，提供尽可能实用、丰富的信息与服务，更好地进行双向沟通与交流。出版单位的互联网与实体店渠道在营销中步调一致、取长补短，方才相得益彰，同时，更多的对外宣传窗口及与读者互动的条件可以使营销效果以散射的方式成倍增长。

随着数字化时代的到来，世界上大型出版集团均把电子书的开发放在重要的位置，不仅仅是内容文本的全部数字化，而是让业务的触角全面进入互联网领域，将电子书、线上阅读、数字版权等一系列安排从头规划。

（二）"限量版"营销

"限量版"在一些品牌服装或饰品中不足为奇，但当郭敬明的《小时代2.0：虚铜时代》采用"限量版"销售模式后，6万册限量精装书售罄，带动了120万册平装书的销售业绩。其限量版图书，每本都有一个独一无二的专属号码，一个精心设计的盒子，其中包含一本精装书、四十余款插画海报卡片（随机抽取组合赠送）、奢华笔记本（日本纯度道临纸全文印刷，含法国柔感纯度制作），此外还有一封郭敬明的亲笔书信，这使每一本书都成为一个独一无二的个体，价格一度升至上百元。这种将读者的关注重点转至图书升值前景的限量版营销模式，利用稀缺性找到出版契合点，不仅是为了赚取限量版的利润，更是为了以品牌图书的人气带动平装书的更大的市场需求空间。

（三）利用名人营销

让名人给予图书评价（当然一般是指好的评价），这种评价有很高的"含金量"，是最有说服力、最能征服消费者的"广告词"。据说，若干年前，美国一出版商有一批滞销书久久不能脱手。出版商经谋划后给总统送去了一本，忙于政务的总统不愿与他多纠缠，便说了一句"这本书不错"。接着，出版商就大造舆论，打广告让读者"请看总统喜爱的书"，于是这批滞销书被一抢而空。不久，这个出版商又有一些书卖不出去了，又故技重演给总统送书。结果，上过一次当的总统就说"这本书糟透了"。为此，出版商又大做广告："总统说这本书糟透了""请看总统讨厌的书"。人们出于好奇，又将书抢购一空。第三次，出版商将书送给总统，总统接受了前两次的教训，便让出版商先将书放下，但不做任何答复。出版商谋划后又如法炮制，大做广告："这本书令总统难下结论，请你读后评价！"居然又被好奇者抢购一空。总统哭笑不得，商人大发其财。与出版界以外的文化界名人群体合作，对图书的推广与销售产生积极影响。较早期则大多采用为名人出书的方式，利用名人效应来带动图书销售。而现在，越来越多的出版社转变了名人在出版中的角色，不再单单作为作者或仅为图书内容的推介。如请影视明星为图书做代言人，在发布会上，不仅仅是简单地与记者答问，而是按照小型歌迷会或演唱会的形式打造；或请歌星为图书创作同名主题曲，利用歌曲的广泛传播引起人们对图书的关注；或将名人请进出版单位，让名人成为出版人，共同开发图书选题；等等。这种新型的利用名人的跨界营销模式，为图书的出版融入新的营销元素，开拓了更为广泛的市场空间。

（四）社会活动营销

虽然读者见面会、作者签名售书等传统图书销售活动有它的作用，但伴随社会的发展和读者年龄层次的年轻化，读者对活动的内容要求和读者品位需求也在不断提高。他们需要更有新鲜感的创意，所以，有特色的文化沙龙、与作者零距离地交流和讨论、与门户网站进行视频访问、让有突出成就的作者做专题演讲、联合报刊或书店举行与图书有关的主题比赛等各种主题式宣介会，成为当前最炙手可热的活动形式。与读者面对面的社会活动别出心裁，如此长期运作，定期举办，既宣传了图书，也树立了自己的品牌。

（五）打造品牌营销

近年来，读者购书的品牌意识逐渐增强，出版业也进入了品牌时代。出版社的品牌策略应该贯穿整个经营的全过程，在图书选题、编校、印刷、发行的每一个环节都应体现出品牌意识，充分维护图书品牌的六个资产，即图书、装帧设计、奖励荣誉、市场反响、书店与读者、出版社的标识。近年来，山东出版集团打造"鲁版图书品牌"，着力打造七大精品工程：以孔子和儒家文化为代表的齐鲁文化品牌、以《大染坊》《闯关东》为代表的影视同期书系列品牌、"农家书屋"系列品牌、医学经典和养生保健类图书品牌、以《笑猫日记》为代表的少儿原创文学系列品牌、以《老照片》为代表的老照片文化系列品牌以及旅游文化和中国非物质文化遗产系列品牌。其中，《齐鲁文化经典文库》和《齐鲁文化名人志》是七大品牌中的重点项目。《齐鲁诸子名家志》丛书，收录了山东历史上 28 位最杰出代表人物的生平、业绩、影响，读者可以全面了解齐鲁诸子百家在政治、经济、军事、思想、文化等多个领域做出的重大贡献。

（六）产业链营销

出版可以看作现代媒体产业链条中的一个环节，它与链条上其他的环节关联、互动，形成完整的系统。近些年成熟的出版集团或者媒体集团均大力延长产品的产业链，进行各类资源整合，这样做的结果是扩大产品的市场覆盖，适应市场的多样化需求。以喻国明教授对媒体集团的分类方法为基础，出版产业链可以从以下三个方向去构造。

1.系列化产业链

路径安排是"图书—广播电视—数字多媒体",目的是以不同的媒体形式来充分利用内容资源,形成相得益彰、互为补充的格局。近些年的国内荧屏上,大量优秀图书被改编为电视剧、电影甚至话剧作品,或者一些出版社主动出击,邀请制片人将图书产品扩展至各种表现形态。这类产业链通过强势媒体的力量来扩张图书的市场机会和影响力,是目前国内各媒体集团的主要产业链形态。

2.一体化产业链

路径安排是"造纸—出版—印刷—发行",这是出版上下游相关行业的产业链构造,立足于打造集成的出版系统。

3.多元化产业链

路径安排是"出版—其他行业",即一些出版集团以出版业积累的资金进入投资回报率高的其他行业。图书向相关产品衍生不是新鲜的概念,常见一些动漫书中的角色成为流行元素,如史努比、蜡笔小新等,它们都跳出了书本,进入装饰或时尚界,成为年轻人追逐的目标。我国的图书出版企业也可以围绕品牌建设,进行相关衍生产品的开发,覆盖更广泛的市场,获取丰厚的利润回报。

实践中还有不少非常成功的图书促销创意手法。例如,分零促销——将又厚又贵的《名画经典》化整为零,出薄薄的分类单册,定价也只有十来元一本,销势良好,一举改变了局面;变陌生为熟悉——日本文学名著《源氏物语》的中译本,刚开始时一直没有什么销路,后来书店根据该书在日本文学史上的地位和影响,打出了一幅宣传广告"《源氏物语》,日本的《红楼梦》!"一本滞销书很快就成了畅销书;多种媒体相互促进——在《哈利·波特》《狮子王》等图书销售中,不仅提供纸质图书,还配以大量的电视剧、动漫、卡通画等的配套宣传,取得了很好的促销效果。

出版物营销创意很多,但必须符合国情、紧扣读者和出版物的内容,贯彻营销意识、创新精神,而不能生搬硬套。在实际的营销中,纯粹使用单一策略往往效果不佳,经常是几项促销策略组合使用以增强效果,营销的创意还应更多地与活动的创意、明星的创意、服务的创意等实行更大规模的组合,以获取更大的营销效果。营销创意没有最好,只有更好,没有经典,只有创新。

一本书的命运掌控在出版人的手里,经过完美的策划和制作与营销,才能做出"好书",而在"内容为王"的背后,独特又富有成效的营销方法,才是让读者能够真正接触并了解一本书的关键。我国出版业应重视图书出版市场化运作中的营销环节,不断推出新的策划、营销创意，以适应现代化出版产业的发展。

四、数字出版业创意

作为创意文化产业中出版业的一个重要组成部分，数字出版业随着互联网技术和信息通信技术的快速更新与升级换代，形态也在不断地发生变化，并且越来越多元化。

（一）数字出版的概念和特点

国家新闻出版总署 2010 年 8 月发布的《关于加快我国数字出版产业发展的若干意见》中这样定义数字出版："数字出版是指利用数字技术进行内容加工，并通过网络传播数字内容产品的一种新型出版方式。"这段定义中有三个关键词，即数字技术、内容加工和网络传播。三者的结合显示了一种集体性的创意活动，而这种创意活动的产业化极大提升了产业的创意特性。

数字出版业属于创意文化产业中的出版业，但与传统出版业相比，又有明显的不同特征和优势。数字出版有三个特点。

出版快。数字出版以无纸化出版为特点，省略了出样、出片、印刷、装订、运送等环节，出版流程大为缩短，具有出版快的特点。

传播广。数字出版大多以互联网为平台，只要接通宽带，任何人在任何地方都可在线浏览，传播范围非常广。

更新信息便捷。从作者、出版者，到达读者，数字出版过程中没有加工、印刷工序，它的"发布"也是"发行"，其运行的最大特点就是更新信息便捷。

（二）数字出版业的创意特性

重申数字出版产业的创意特性，有助于我们厘清"内容为王"与"渠道为王"之间的辩证关系，有利于我们深刻思考具有数字阅读习惯的读者的思维习惯、生活方式等方面的变化，通过创意性地设计多种互动途径，增强数字出版产品对读者的吸引力，从而提高数字出版产业的创新能力。从信息传播的角度看，重申数字出版产业的创意特性，我们还可以深刻反省自己的存在状态，认真思考数字出版产业未来的发展方向。数字出版业主要有以下创意特性。

1.群体性创意传达

与传统出版相比，数字出版具有内容生产数字化（以二进制数字编码的形式记载精神产品的内容、形式等所有信息）、管理过程数字化、产品形态数字化（采用二进制编码数字流）、传播渠道网络化（通过有线互联网、无线通信网、卫星网络等信息网络系统传播）等特点，它们的核心是知识和信息的创意性传达，体现创意特性在数字出版的内容和形式、生产和传播等方面，而且主要通过群体性的创意行为表现出来。这一特点在微信自媒体领域表现得特别突出，无论是信息和知识的创意性结合，还是一篇优秀自媒体文章的产生，都是一群创意者集体创意活动的成果。

2.传播技术促进多向传播

数字出版传播渠道网络化的基础是传播技术，而传播技术的创新，有力地促进了数字出版产业创意特性的形成。有学者指出，数字化改变了我们以往传送和接收信息的方式，数字出版是传播技术进步的必然结果。理由有三：一是数字出版既可以在时间上做到和发生的事件同步，又可以超越空间限制；二是超文本的信息组织方式打破了原有媒介线性调用信息的模式，可以实现"像人脑想到的那样来调用信息"；三是超媒体的信息呈现方式增强了信息呈现的立体感、动态感，同时用户还可以根据需要选择不同的传输方式，如此互动的信息获取方式第一次使传播可以双向、平等地进行，由此让每一位用户都获得了话语权。具体而言，数字出版在时间上的突破主要表现在传播时间的有效性、共享性等方面，空间上的突破则表现为传播的全球性。从信息的流向看，数字出版实现了从媒体向受众的单向传播到双方之间进行双向（或多向）互动的传播途径，信息的获取也完成了从受众被动获取向主动获取的转变。可以看出，传播技术从超越时间和空间的限制、超越线性媒介的使用方式、超越单向度的传播方式等方面，促进和扩展了数字出版产业创意特性的形成范围和途径。

3."超文本"链接模式

数字出版内容生产、产品形态等的数字化，凸显了数字出版的超文本性以及链接的任意性、全方位性、放射性，加强了数字出版产业的创意特性。超文本是数字出版信息的基本组织方式，它表现为数字出版中的内容或产品形态等"文本"不受时间和空间的限制，成为动态的、开放的文本；各个"超文本"通过"节点"之间的连接，又构成一种新的联合体，由此数字出版的内容和产品形态等具有了巨大的可变性和创造性。超文本不仅描述或提及其他文本，而且重构了读者的阅读空间，将其带入更广阔的领域。这样，超文本的读者就拥有了这样一种词语排列：它们相互关联并可自由选择，而且已经程序化，随时等待执行。也就是说，在超文本中，信息组织方式打破了线性结构（解构了中心化的结构），从而使超文本自身可以不断扩展、无限链接，由此形成新的组织动态结构，产生新的功能，获得新的意义，生成新的内容。正是基于数字出版产品的无限链接模式，读者可以从任意一个文本出发，通过不断的链接获得不同的意义理解、丰富的情感体验。

（三）数字出版业的发展对策

据调查，大多数人认为，在相当长一段时期，数字出版不可能完全取代传统的纸质图书。特别是在中国这样的发展中国家，纸质图书更展现出其长久的生命力。一方面，人们相信数字出版已成为不可逆转的趋势；另一方面，人们也认为出版数字化的过程会非常漫长。两种形态的出版将会长期共存，共同担负起中华民族精神建设与文化传承的历史使命。可见，数字出版和传统出版各有所长。它们的生存和发展，不是物竞天择的淘汰关系，而是优势互补的共生关系。如一些大型丛书、工具书等，纸质图书会逐步让位于数字出版，因为后者拥有更便于反复检索、查阅的优势。但纸质图书更集中于可以反复使用、多次重印的教材、教学用书，以及具备收藏价值的理论学术著作和文学艺术经典作品。因此，数字出版和传统出版各自的优劣势，构成了两者融合互补的关键前提。

走向融合是数字出版与传统出版发展的大趋势。要在充满挑战和机遇的新时代环境下，建立起共生共荣的出版业态，应该做到以下几点：

要树立新的出版价值观。在新的出版格局下，要积极推动数字出版和传统出版产业价值链的重整，坚持以"读者"为本位的出版模式，整合包括先进技术、内容载体、传播渠道和传播方式等运营模式。通过产业融合，打破电信、传媒、影视等行业的界限，将出版价值指向"读者"，使广大读者成为最大的受益者，努力树立作者、出版者、网络公司、读者等多赢的出版价值观。

要开展跨行业跨产业合作。目前，许多传统出版行业正在介入数字出版领域，并且各具优势，互相渗透，竞相扩张，这种态势很好。现阶段开展跨行业、跨产业合作是切实可行的。既可以考虑各出版机构进行联合，丰富图书资源，再通过新建、收购、合并，建立新产业领域的业务体系，又可以考虑出版机构进行跨行业的战略合作，打破出版市场的行政壁垒，推动跨行业的兼并重组。尤其是要以多产业联合为切入点，实现数字出版和传统出版互利共赢。

要确立新的产业运作方式。出版活动是一项经济活动，应该以市场为导向。由于传统出版受地域限制较大，经营模式单一，在图书宣传方面显得过于薄弱。而数字出版则具有方便快捷、不受时间和空间限制的特点，对传统的营销渠道起重要的补充作用。因此，要积极借助数字出版的交互性和多媒体性，为内容发布者和接受者架构桥梁。通过产业融合，打破传统出版者、书店和读者之间的沟通障碍，弥补传统出版的诸多弱势，从而达到扩大出版市场覆盖率的目的。

在传播上不断创新。传统数字出版往往呈现出一种整体形态，其在一定程度上属于静态出版，表现为内容与形式的不可分割性。但是随着当今科学技术的蓬勃发展，数字串的主流内容模式呈现出多元化的趋势，因此应该摆脱传统载体内容的静态出版形式，转向动态出版的表现形式。在传播形式方面，数字出版业也应该实现多样化，其中包括图像、视频、文字等形式，并不断融合方便的链接、动画等手段，使其具有新颖与视觉冲击力的表现形式。增加阅读的感官体验，改变传统数字出版的单一化形式，推动数字出版的发展。在传播渠道上，出版业要向互联网和移动终端发展。在未来发展中除了智能手机和平板电脑两大主打方向，更多的可移动产品终端将会得到开发，更多的人工智能装置终端将得到运用。所以突破地域与时空限制的移动网络平台为数字出版产业带来了新的契机，"移动优先"将成为其不得不考虑的战略方向。

第二节 电影业

电影技术频频革新，新的电影思潮迭次掀起，使电影形态不断演进。在现代社会，电影已经发展成为覆盖面广、信息量大、功能齐全、影响深远的艺术传媒形式之一，不断满足受众的文化需求与审美需求。电影作为一种文化形态，开拓了人们的视野，扩展了人们交流的渠道，进一步激活了人们的审美意识，甚至改变了人们的思维方式和生活方式，将人类文化推向了一个崭新的境界。电影业创意与策划工作始终贯穿影视创作的整个过程，是确立电影作品创作走向、保证作品艺术质量、获取预期的社会效益与经济效益的重要工作。总结中外电影的成功经验，其创意和策划要从以下方面着手。

一、商业大片策略

顾名思义，"大片"就是大导演、大明星、大制作、大投入、大场面、大阵容、大回报等"大"级别的电影作品。大片的概念没有具体的权威标准，争论颇多，归纳起来有四个必要条件：一是高含金量，包括高投资和高票房；二是高科技，投入大量的计算机制作和科技设备；三是高文化品位；四是时长一般不少于 100 分钟，两个小时以上的大片最常见。

2000 年，李安导演的《卧虎藏龙》的出现成为中国商业大片制作的一个契机。该片不仅获得了四项奥斯卡大奖，还在全球获得了 2 亿美元的高票房。这部完全按照"高概念"营销模式创作的影片，其 1500 万美元的资金来自中国，以及美国的哥伦比亚公司，制作上则集结了华语电影的各路精英和著名演员，在发行上也采取了全球发行的模式。大投入、大制作、大营销、大市场，也的确为其带来了高收益、高回报和高增长潜力。《卧虎藏龙》为中国电影树立了成功的典范，中国商业大片的思路开始确立为"动作+古装+明星+华丽的视觉特效"。两年后，《英雄》在海外的成功发行，验证了这个思路的可行性。该片导演是张艺谋，主演为李连杰、张曼玉、梁朝伟、章子怡、陈道明、甄子丹，成本为 3000 万美元，票房 1.77 亿美元。《华尔街日报》的描述是："《英雄》真正拉开了中国大片时代的帷幕。"自此开始，《十面埋伏》《七剑》《无极》《夜宴》《满城尽带黄金甲》《墨攻》等商业大片接踵而至，因此，商品大片策略成为中国电影最有保障的盈利方式。中国商业大片的出现，使中国电影有了与好莱坞博弈的勇气。尤其是面对全球化的浪潮，更需要倚重大片来开路，以此保持和强化中国电影产业的国际竞争力，这也成为当下中国电影产业化一个重要课题。

二、产业链策略

电影产业链是以电影为载体，融合创意、劳动力、资源和服务等价值的整合点。无论是前期的投资，还是中期进行的电影项目的策划、剧本的选择和编写、导演和演员的选择、电影完成后的营销宣传、发行、院线放映或者是对于电影后产品开发的创意，都属于电影产业链的一部分。这样的一个集聚生产、流通、消费的过程，构成了完整的电影产业价值链。电影产业链一般由五个方面构成。

（一）电影投融资

所谓的投融资就是一个集资的手段，在制作电影的前期首先要保证充足资金的供应，从而为之后的电影产业的制作、发行、放映提供资源。由于近几年国家政策的变化，电影投资的风险已经相对降低，这也为我国的电影投融资提供了一个良好的环境，电影业的融资能力也在逐步提高，行业的走向逐步开放，不仅有国有企事业单位的支持，近几年民营企业和外资企业也在发挥着重要的作用。我国电影投融资的渠道在不断拓展，体系也在不断地完善和成长。

（二）电影制片

制片环节指的是对电影剧本的选择、导演和演员的确定、电影的拍摄和剪辑以及后期制作这一电影生产的过程。这些事情由制片方和投资方共同决定。首先，电影剧本一般是由编剧创作剧本或者是改写知名小说，近几年很多的电影都是以小说为范本，由编剧改写而成的。在中国的电影制作中，导演有着极其重要的地位，在一部电影中，导演决定剧本的选择和演员的确定，以及相关工作人员的选择，同时导演也负责电影拍摄和电影片场的各个方面。而在国际电影的制作中，一般是剧本选择导演，导演只需要负责电影拍摄的任务。电影的剪辑则是由专门的工作人员进行的专业工作。后期制作是一个不可小觑的环节，一部电影的好坏、观众观影时的享受程度、画面的美感等，都会受到后期制作的影响。

（三）电影发行

发行环节指的是为了让观众看到电影，发行方将电影推向市场的过程。发行方连接着制片方和放映渠道。在这一过程中，发行方承担的是包销商和批发商的角色。在电影发行之前会有一系列的营销活动，可以在户外媒体上投放预告片与海报，在电影杂志上做推荐。在自媒体时代，最常见的是公关活动是运用微博和微信等社交平台，制作话题预热，包括各种与电影相关的新闻以及微妙的相关的软新闻，在电影放映之前或者是电影制作过程中让人们意识到电影的存在，从而使观众对电影产生兴趣，吸引观众在电影上映之时去影院观看。

（四）电影放映

放映环节是将电影呈现在观众面前的过程。电影制作完成之后会先在各大电影院上映。2009 年，国家新闻出版广播电影电视总局认可的院线有 37 条，其中主要的有万达院线、中影星美院线、浙江横店院线以及上影联合院线、太平洋电影网等。一般电影在电影院上映的时间为一个月，上映时会根据电影的热度和受欢迎度及时做出调整。

（五）电影后产品的开发与销售

电影后产品的开发是多元化的，包括音像制品、玩具、电子游戏、服装服饰、影院开发、明星广告、在线电影和付费电视频道播放及网络传播等。这些都是对于电影在电影院放映后，人们想再次观看电影的需求所做的措施。这些电影后产品开发又为电影产权的拥有者带来了经济效益。除了以上这些，还有电影主题公园的建设、电影周边的制作销售、影视城或者是影视拍摄基地和电影外景基地的旅游等。

构建电影全产业链能够降低电影产业的风险，推动我国电影产业国际竞争力的发展。

因此，未来我国电影产业的发展必须着力于全产业链的构建。制片环节应坚持以市场化为导向打造内容产品，同时融入文化内核，提升我国的文化实力和国家形象；发行环节必须致力于规模发展，并不断拓宽发行渠道；放映环节应借力其他产业平台，同时不断开拓二、三线城市的放映市场；最后，必须加强版权保护意识，不断开发电影后产品，以此拓宽电影产业的盈利渠道。

三、新媒体营销策略

近年来，我国的媒体环境发生了很大的变化，媒体传播方式也发生了改变。相对于传统媒体而言，新媒体具有实效性强、传播速度快、传播范围广、更新速度快、自由方便等特点，这正符合了电影营销的需要。

近年来的国内电影市场中，《人在囧途之泰囧》《西游·降魔篇》《致我们终将逝去的青春》《捉妖记》《煎饼侠》及《西游记之大圣归来》等，都纷纷创造了票房奇迹。而这些电影的营销有一个共同点，即都通过微博、微信等社交媒体进行营销，并取得了良好的销售效果和宣传效果。那么，电影该如何在数字时代寻求营销的突破口呢？

（一）SOLOMO 营销模式

约翰·杜尔在 2011 年 2 月首次提出了"SOLOMO"这个概念，他把三个关键词整合在一起，即 Social（社交）、Local（本地化）和 Mobile（移动）。近年来，伴随着电影的疯狂营销，这一概念印证了当下电影营销的趋势。SOLOMO 代表了当今新媒体营销三个最典型的应用和趋势，是未来新媒体营销的发展方向，SOLOMO 也成为电影营销强有力的营销模式。处于新媒体环境下的电影营销市场，单方面的信息告知显然不足以扩大其影响力，新媒体营销为电影宣传提供了一个非常诱人的突破口，SOLOMO 模式就是一个很好的应用框架。

在具体运用过程中，主要利用 Social 社交媒体，同时把 Local 和 Mobile 作为提高营销效果和挖掘更有效营销方式的基础。2015 年暑期档票房冠军《捉妖记》运用了 SOLOMO 模式进行销售，这一模式成功地帮助《捉妖记》创造了 24.3 亿元的票房奇迹。

1.Social——社交平台的应用

《捉妖记》在微博、时光网、豆瓣网以及各大视频网站上重点宣传。这些媒介平台上用户的活跃度相当高，用户间相互转发和分享，以此对他人产生影响。同时，这些媒介平台之间也会相互影响。《捉妖记》的影评和视频被分享到微博和微信朋友圈，影响了其他微信好友和微博用户，最后又反作用于视频网站和电影网站。

2.Local——微视频预热市场

电影《捉妖记》在上映之前就在微博、视频网站等网络媒体进行了较长一段时间的预热，宣传方分别发布了姚晨版、汤唯版、钟汉良版、天天森碟版、曾志伟吴君如版、井柏然白百合版的预告片，利用明星效应及其在影片中所扮演角色的神秘性和趣味性，引起消费者极大的兴趣。宣传方同时又发布以主角"胡巴"为主要人物的公益宣传广告，并在浙江卫视放送了和《克拉恋人》的捆绑宣销视频，让观众积极地参与，使用户注意力迅速提升。

3.Mobile——APP（应用程序）线上线下连接

随着智能手机的普及和 APP 的风行，利用 APP 进行宣传同样成为电影营销的重要手段。APP 的发布逐渐成为电影附属品领域宣传销售的重要方式，也正在成为中国电影营销的重要方式。

（二）微博营销

微博营销是企业利用微博各方面的传播及代言价值进行的营销活动。微博以其速度快、立体化、便捷性和广泛性的特点占据了有利位置。通过微博平台，电影投资者、电影院线、电影导演以及演员等实现了信息的及时发布，不同程度地实现了品牌价值最大化。

据新浪相关负责人介绍，2015 年票房过亿的电影都将微博作为电影营销阵地，因为微博所具有的交流互动分享的特征，所以微博无疑是导演和电影制作方还有演员与用户进行"零距离"接触的最佳平台，电影行业的微博营销有着强大的发展劲头。如电影《栀子花开》就成功地运用了微博营销。截至 2015 年 7 月 22 日，校园青春影片《栀子花开》总票房累计达到 3.87 亿元。作为导演的处女作能取得这样的成绩还是相当不错的，此片除了运用传统的电影营销方式外，其微博营销方法更值得我们去研究，该电影宣传方面所应用的微博营销具体形式有：第一，创造与网友互动话题。在电影筹备阶段，何灵发布一条微博为处女作《栀子花开》主角"众筹"名字，一下掀起了"起名"狂潮，无数网友集思广益，纷纷将心目中的好名字贡献给何灵。在何灵导演的微博中有关电影的话题层出不穷，并且每一条都有近万转发量，上万的评论与点赞。第二，"大 V"用户的宣传。从宣传拍摄开始，新浪微博里的人气明星都在转发电影的相关信息，如谢娜等。第三，粉丝及青春代表互动。在电影的制作过程中，导演何灵提出将充分利用粉丝的才华，包括电影名字的手写版将从粉丝的投稿中选出，电影中的服装也将参考粉丝意见甚至用粉丝提议的服装品牌，某些电影片段也参考粉丝意见。第四，电影主创们之间的微博互动。不管是在电影拍摄前期还是结束后，主创之间的微博互动是粉丝们关注的焦点，在这些微博互动之中我们看到了一个和谐团结的制作团队，这样一个优秀的团队当然会得到粉丝们的信任。《栀子花开》具有特色的营销方式，使电影上映前就成为大众关注的热点，社会各界都开始了"栀子花开"秀，一经推出便成为微博热门话题。

微博 80% 的影响力是由 20% 的人创造的，微博的影响力是由 2% 的"大 V"所左右的。中国电影集团原副总裁张强说，中影将公开招标电影《狼图腾》等影片的营销团队，其中还附注了这样一条要求："以网络及微博等人气指数为主要指标，人气指数指标是检验团队履行合同的标准。"张强还强调了"指标"的具体含义，如官方微博粉丝数达到多少、百度及微博搜索指数达到多少等，根据指标等级制定收费标准。

电影营销往往需要这些"大 V"用户宣传，"微博大 V"一是起到了引领作用，激励用户讨论有关电影的话题。二是在一定程度上对用户产生了潜移默化的影响，使每个消费个体在不同的时间和地点都能得到电影的信息，并实时参与话题互动。作为目前新媒体使用较为广泛的平台，微博引发了一种营销方式的潮流。它的亲民性及其发布方式的便捷性，必将引发新一轮信息革命。

（三）微信营销

中国观众的观影年龄与微信使用者的绝对分布区域是有很大的重合度的。大量的观众集中在 20—40 岁这个区域，而这个区域也是微信使用者最活跃的区域。企鹅智酷发布的《微信平台数据化研究报告》显示，55.2%的用户每天打开微信 10 次以上，超过 30 次的重度用户占比 24.9%。由于微信的传播特点是信息覆盖更加精准、高效，所以微信能够在电影营销中大放异彩。例如，2013 年 6 月 9 日上映的电影《天机·富春山居图》在 2013 年 4 月 11 日建立了影片的官方微信订阅号；2013 年 12 月 19 日上映的电影《私人订制》在 2013 年 10 月 8 日建立了影片的官方微信订阅号；2014 年 7 月 24 日上映的《后会无期》在 2014 年 5 月 27 日建立了电影的订阅号；2014 年 12 月 5 日上映的《匆匆那年》在 2014 年 6 月 22 日建立了影片的官方微信订阅号。订阅号每一天到两天群发一条或者多条信息，内容多为演员近况、拍摄花絮、主创采访和相关话题讨论，并且在时间上配合其他的营销宣传模式。这样既保证了微信消息与影片信息的相关性和时效性，又避免了微博刷屏等带来的用户体验降低、信息无法有效推送至客户等问题，高效利用了微信的信息平台。我们发现，越是注重营销的电影，越重视微信平台的营销。例如，《后会无期》5 月 26 日杀青，5 月 27 日就开通了官方微信。《匆匆那年》也是在杀青当天就开通了官方微信。以《天机·富春山居图》（以下简称《富春》）为例，《富春》在微信营销上做得非常成功，它的微信营销充分利用了官方公众账号的 CRM（客户关系管理：企业利用相应的信息技术以及互联网技术来协调企业与顾客间在销售、营销和服务上的交互，从而提升管理方式，向客户提供创新式的个性化的客户交互和服务的过程。其最终目标是吸引新客户、保留老客户以及将已有客户转为忠实客户）功能，在开设微信公众平台的基础上，联动了漂流瓶、附近的人、摇一摇、朋友圈等微信特有的功能，将目标人物一网打尽。可以说，《富春》开创了中国微信电影营销的新模式。最终，《富春》收获了近 3 亿元的票房，其中微信公众平台营销起到的作用可谓非常显著。

在年轻人群中，微信电影营销具有重要意义。微信的互动模式愈加多元化，图文并茂的形式有利于展现营销信息，微信公众平台的出现无疑将微信营销的价值推向了新的高度。微信自我分裂的推广模式为口碑营销奠定了良好的基础。

四、微电影策略

（一）微电影的概念

中国最早的微电影是 2010 年 12 月由吴彦祖主演的《一触即发》。当时剧作方将这部凭借现代社交平台在网络上大面积传播带有明显汽车广告性质的作品称为微电影。在经过长时间的发酵后，这一名称逐渐被大众所接受，并且几乎在刹那之间风靡网络。于是，2010 年就成了"微电影"在中国的元年。

目前，学界对于微电影的概念还有一点争议，普遍被人们接受的概念是："专门在各种新媒体平台上播放，适合在移动状态下观看，具有完整故事情节的'微时（30 秒至 3000 秒）放映''微周期制作（1 天至 7 天或数周）'和'微规模投资（几千元至数十万元/部）'的视频短片。"据统计显示，仅仅是在 2011 年，我国国内就有超过 2000 部微电影作品与观众见面，2012 年的微电影更是如同火山爆发一般海量涌现。可见从诞生之所，即 2010 年起，微电影便开始在社会上大行其道，2012 年甚至被形容为"井喷"。随着种类多样的智能终端的出现，伴随以微博为代表的文化平台崛起，社会进入了围绕微文化展开的浪潮。微电影正是这种"微文化"在电影传媒界的缩影。

微电影正适合借助这些新兴媒介播放其作品。微电影产品形态流行、播放平台完善，对产业化运营来说，拥有这样的平台和环境的时刻正是传播微电影最好的时机，在过往不同的传播形式（口语、文字、图形及新媒介）的时代里，微时代的出现正好达到人们的预期值，满足人们对视频制作的快速便捷的要求。

从视频角度来说，不论微电影在制作还是发布上，它都覆盖除影院外的全部传播途径，随着高清电视设施及 4G、5G 手机技术的普及，播放平台的宽广正是产业发展的奠基。除此之外，微电影还有着主题鲜明、精练便捷、情节简单及有助于体现植入广告等优点，能有效地融入企业文化。

（二）微电影的盈利模式

电影靠院线播放，获得票房收入，也包括拷贝收入；电视剧靠贴片广告和分账（双星播出）买卖获取收入；电视片是靠栏目化播出，赚取冠名费用，或者栏目的广告费用。微电影由于是互联网的产物，所以它的归宿与互联网和新媒体有诸多联系。微电影的产业链有四个流程：用户提供内容，专业团队确定微电影故事框架，微电影中植入广告，更加短小的微视频走微博、微信等平台流量。但它们的产业链都有所不同。

　　微电影的盈利模式目前还是依靠广告收入，未来将靠用户付费。由于微电影创作的门槛低，广告灵活，内容无限，所以"各路诸侯"纷纷介入。但是效果并不尽如人意。在微电影的广告植入上，经常会出现买卖双方"不欢而散"的情况。其多数是微电影的故事主体与广告内容联系不紧密，制作粗糙等。解决这些问题的核心还是要提高创作质量，让真正有"功底"的专业人员来创作微电影。除此之外，我们鉴定一部微电影（微视频）的收视如何，还要看它在互联网上的"点击率"。有个一分半钟的微电影，讲述关于人们对水质不关注，影响海豹生长的故事，广告商看了并不满意，原因是没把他们的海豹表演项目植入进去，可是这部片子在网络上播出后，却获得空前的"点击量"，不但十几天就产生了上百万的观摩群众，还在微电影大赛中获得了大奖。

　　微电影形成了独特的产业模式，实现了可持续发展。微电影的传播速度很快，可以当成快速聚集人气的工具，因此能够带动泛娱乐项目一起滚动，起到广泛宣传的效果。基于优质微电影内容，实现微电影、小说、院线电影、电视、动漫、话剧、游戏之间的有效生态互动，实现内容价值的最大化，并在成熟条件下开展文化对外输出，甚至反向输入价值。如《万万没想到》已开发了网剧、微电影、图书、衍生品等多种形式。微电影还可以带动音乐、艺人等周边泛娱乐产业的发展。最典型的发展就是走向大银幕，实现向大电影的飞跃。2015年12月12日，《万万没想到》开启全国超前点映，点映票房超过6000万元，以19%的排片量收获38%的票房，拿下单日票房以及上座率双料冠军，并一举创造了华语电影点映票房新纪录。

（三）微电影的发展新路径

　　微电影是典型的互联网内容产品，具有鲜明的互联网思维和互联网特征。它产生于互联网，在互联网上观看，也是典型的大众创业、万众创新的"双创产业"。经过多年的培育，微电影不断实现了产业化发展，而且走向大电影，成为推动中国电影创新的重要力量。

1.丰富了大电影的资源

　　视频网站上拥有海量的微电影和网络剧，其中不乏可以转换为大电影的优质微电影，这些微电影经过市场和观众长时间的洗礼脱颖而出，并聚集了强大的"粉丝"群。忠诚的受众群体、优质的内容保障也使这些电影更容易成功。随着视频网站大电影制作、运营得更加成熟，未来将会有更多的微电影和网络剧走向大银幕，成为大电影。

2.拓宽了电影的题材和表现领域

微电影网络剧在题材上更为丰富，除了常见的喜剧、言情类型，还出现了科幻、悬疑等方面的新题材，《灵魂摆渡》《探灵档案》等玄幻题材的剧集都取得了不俗的成绩。未来，这些微电影网络剧都可能走向大银幕，丰富中国电影题材，推动中国电影类型和风格的多元化。

3.培养了用户的付费收看习惯

从画像特征看，网络视频用户、院线电影观众、网民等各娱乐形式用户结构深度重合。微电影既为大电影培育了用户，也培养了用户付费收看习惯，有利于产业健康、可持续发展。截至 2015 年 11 月底，视频网站付费用户规模达到 2000 万，各家视频网站都在付费会员规模上实现了大幅度增长。用户付费收入大幅增长，在视频网站整体收入中所占比例也逐步提高。微电影从广告主导向用户付费、版权采购等多元化盈利模式转变，支持了视频网站的可持续发展，为其开发大电影提供了有力支撑。

电影艺术从未如今天这样的亲民。在民众肆意地通过微电影享受生活的同时，电影业也有了取之不尽的创意汪洋。所以，我们有足够的理由相信，微电影将为电影业这朵工业之花输入源源不断的阳光和雨露。电影从此不再为几个"大师"和学院里的"老学究"所独有，或许专为"电影艺术家"呈现美的小圈子电影依然会存在，但是电影也一定会成为记录我们生活一点一滴的形式，继而拓展出更大的空间。电影成了全民运动，这就如为电影业这部老爷车装上了与时俱进的新引擎，它所散发出的澎湃动力必将让人们为之一震。

第三节 广播电视业

广播电视业作为文化内容开发的重要环节，承载着国家发展文化创意产业的重任，是文化创意产业的重要部分，其健康发展有助于丰富我国文化创意产业的内涵和促进文化创意产业的发展。我国的广播电视文化创意产业必须打破传统的发展模式，以坚持鼓励创新的原则来促进发展。现今随着我国社会的不断发展，人们的物质生活得到了满足，也逐渐增强了对精神文化的追求，所以，广播电视文化创意产业的发展对现阶段来说十分重要。

促进我国广播电视文化创意产业的发展策略应从几个方面入手。

一、提高广电节目的创意水平

当今文化创意产业的发展讲求创意和创新，广播电视媒体应在"克隆"的过程中，学习他人的创意思维亮点，由"学习型媒体"成功过渡到"创造型媒体"。开发创意节目，提升原创能力，以新的内容、新的形式、新的风格建构电视行业创新风尚。如广西卫视《第一书记》电视节目，它是首创"面对面捐款"、全透明、最放心的慈善节目。该节目是通过记者到广西贫困地区寻找需要帮助的村庄，拍摄实际的扶贫项目，由该村第一书记来到演播室现场讲述，使爱心的构建与传递更加真实。捐助款项直接从爱心企业手中到达受助者的手里，减少中间环节，整个过程由摄像机记录，提升节目真实性并受广大群众的监督。该节目创新了传统的电视节目，基于全新的领域关注民生问题，将慈善事业不断弘扬。在提升广西广播电视创新能力的同时，也能够促进地区文化产业的发展，使广播电视文化创意产业具备新的生命力。

广播电视节目的创意就是用新的抽象思维，打破传统，创造一种"人人心中有，个个笔下无；情理之中，意料之外"的电视节目。在这方面有如下四种创意手法值得借鉴。

（一）结构上进行悬念设置

用设置悬念的方法来设计节目，最能吸引观众继续观看。有人提出，在节目创作过程中要"将悬念进行到底"。一般来讲，悬念的设置应该做到尽量提前。既可以放在节目的开头、节目的标题或电视栏目的名称中，也可以放在节目的中间。如果放在节目中间，悬念的出现最迟不能超过节目总长度的十二分之一处，越靠前越好。特别是放在节目开头，效果最好。如获得 2010 年央视年度节目金奖的《本周》栏目播出的《我们的2010"年""度"》系列片，就是靠不断设置悬念，牢牢抓住观众的注意力。比如在"精确度"一节的开头这样解说："一个跨越 100 年的预测可以达到什么样的精确度？2010年世博会成功举办给出了答案。"引导人们往下看，什么预测？怎么精确？节目用了 1分 15 秒讲完世博会，画面很快切到足球比赛的现场，让人摸不着头脑。接下来解说道：

陆世谔用 100 年的时间让人们惊讶于梦的精准，而南非世界杯上，一只名叫保罗的知名章鱼仅用了短短一个月就让全世界瞠目结舌。如何瞠目结舌？这就是悬念。6 分钟的节目，一分多钟就出现一个悬念，把观众紧紧吸引住了。

（二）内容上体现人文关怀

在电视专题节目中，文化产品的两种属性无一不是以内容要素的创新为前提。内容的创新有多重途径和策略，其中突出人文情怀，体现人文关怀，是电视专题片内容创新的一个很重要的策略。在节目中，人文情怀既可以通过画面展示，也可以通过解说词来体现。《舌尖上的中国》之所以火，除了画面唯美之外，一个很重要的原因是片中充满了人文情怀。导演陈晓卿表示，这个片子是带着对食物的敬意做的，从南方到北方，从国内到海外，最好吃的菜是妈妈做的菜，最好的东西是故乡的东西，最美好的回忆是童年的回忆。《舌尖上的中国》勾起的不光是人们对美食的垂涎，还有流泪的冲动。何苏六在谈中国纪录片时特别强调人文情怀对纪录片的重要。电视专题节目的创作亦是如此。因此，对于专题节目来说，人文情怀的体现不仅不能少，而且要加强。

（三）角度上独辟蹊径

电视节目的角度是指电视工作者挖掘和表现新闻事实的入口方式，也就是记者从哪里进入采访现场，从什么角度接触事实。如果角度相同，必然不会有新意。2006 年，106 岁的张学良先生去世，送葬那天，很多媒体都报道了，有人从大家熟悉的张学良的爱情故事角度报道，也有人从他对中华民族所做的贡献的角度报道，这些角度多缺少新意。央视编导王阳在做该内容的专题节目时，选择的是未能回的"东北的家"这个情感角度。节目通过展示张学良在沈阳的故居、其父母的坟墓、他构建的东北大学等，配以"你看到了吗，这就是你想回而没回得了的家啊"字幕。不仅角度新，主题也特别好。从常人想不到的角度来设计节目内容，是节目创意设计的策略之一。

（四）画面上以情感人

在媒介竞争异常激烈的今天，电视专题节目只有激发出人的情感，充分调动消费者的情绪，才能吸引消费者。而充分运用视觉语言的特写镜头来表达，创意性地融入情感元素是激发消费者情感的有效方法。电视的画面是电视展示节目内容、传递信息最重要的语言。在视觉画面的选择上要能最大限度地传递信息、传达情感，这样才能拉近与观众的距离，深深地将观众吸引进入电视节目设置的情境中。央视《本周》栏目播出的节目《最后一个春天》，讲述的是一个流浪狗的故事。当主人带着已经病得很重的老狗到外面散步，感受春天的时候，狗流泪了。片中最感人的镜头是创作人员给了狗一个较长的哭的特写镜头，这个特写镜头引发了观众的同情心。走近被拍摄者和被采访者，用特写表达他们的"喜与怒"，不仅能打动人，还能让观众融入节目，跟着节目一起"喜与怒"。

广播电视机构的节目创新、创意，除了由机构自身人员来实现以外，更重要的是要广泛吸纳社会创意，激发社会创意活力；要敢于面向社会各阶层，包括网民群体与专业化的创意、制作公司，以及大专院校开放创意机会，提供创意支持，不能把创意开放当作一种低成本炒作的形式；要看准时机、看准对象，构建创意战略伙伴关系并积极培养创意战略伙伴，走创意共赢之路，要特别注意与文化艺术、新闻出版、广播、电影、软件网络及计算机服务、设计服务、广告会展、艺术品交易、旅游休闲服务、其他辅助服务等文化创意产业各领域的创意因素有机融合，密切互动。

二、促进广播电视与新媒体融合

新兴媒体是时代发展的产物，但是在目前的情况下，新兴媒体不可能完全取代传统媒体的地位，如何与新兴媒体结合，探索可能的融合模式，是广播电视等媒体发展的必然出路。

（一）广播电台可视化

广播频率可视化是广播电视台坚持开门办广播的理念，坚持执行可实现自身发展的创新举措；其所属的广播新闻频道作为使用双频覆盖的主流媒体之一，应积极突破传统的传播方式，加速与新媒体的融合。智能摄像机的安装调试使用，可以让广播新闻频道实现网络或手机可视。手机用户可以关注微信公众号，实时收看广播新闻频道的节目直播，与喜欢的节目主持人进行实时互动交流。计算机客户可以在链接搜索"直播"等关键词，输入广播新闻频道的台号，就可以实时观看直播。据了解，"可视广播"的形式使很多传统广播电台取得了不错的效果，找到了新的发展机遇。在"水滴直播"上，像安徽交通广播、济南经济广播、武汉女主播电台等在短时间内观众人数均已达到近百万，眉山综合广播观众人数甚至已超过 100 万，每天在线评论互动数千条，打破了传统形式下主播与听众沟通的障碍。"可视广播"的成功很大程度上得益于听众。

（二）联合移动终端

联合移动终端是指以智能手机为载体的网络连接，很多业务现在都依托智能手机来运行，如视频播放软件、互联网支付客户端等。可以说，用户拥有一台手机，就等于拥有了很多的视频观看和直播渠道，甚至还可以进行在线评论。现在，普通群众接触最普遍的工具不是计算机，而是手机。很多智能手机上配备了在线电台等移动软件，用户通过软件市场也可以下载到相关软件，前提是，广播电视产业要打造有价值的内容吸引用户，打动用户。现在，很多电视台推出了官方移动手机客户端，用户不仅可以通过下载官方软件实时观看直播，还可以参与评论、抽奖等活动，一些电视台还提供"弹幕"功能，迎合时下观众的口味，寻求传统产业的突破。

（三）联合互联网

广播电视融合新媒体的另外一个模式是联合互联网，即依托计算机进行的网络形式。

现在，很多电视台都有自己的官网，用户既可以通过官网观看电视台直播，还可以观看所有节目内容和节目花絮，大大拓展了节目的信息量。一方面，互联网和广电的结合，使用户有了更多渠道，更自由地观看自己喜爱的节目；另一方面，互联网具有在线保存和随时播放功能，用户不仅可以随时随地观看节目，还可以下载和保存，甚至可以看到除了正规节目之外的节目花絮和在传统电视节目上看不到的幕后策划等。因此，联合互联网既是广电产业发展的必然选择，也是这个信息时代的必然要求，因为这不仅拓宽了广电产业的业务渠道，更为广电产业赢得了更多接收广告业务的机会，赢得了更多的盈利机会，而广电产业只有在盈利的基础上，才有可能寻求更多的发展机会。现在，广电产业都意识到了联合互联网的重要性，在不断地探索与互联网联合经营的更好的模式。

新媒体正以令人惊讶的速度和力量为世人瞩目。对于仍然不习惯网络，不会利用移动网的人来说，这个世界变得越来越陌生，这样的人最终会被世界淘汰；但是对于那些习惯网络，善于使用移动网的人群来说，科技可能会让这些善于学习的人脱胎换骨。对于一个广播电视节目来说，如果跟不上新媒体发展的速度，节目也将面临被淘汰的局面。黑龙江广播电台《母爱好时光》节目开播十余年一直受到听众的欢迎和热捧，原因是《母爱好时光》善于与新媒体融合。

2000 年,《母爱好时光》成立,此时龙广电台的龙广在线网站也刚刚成立,《母爱好时光》论坛是主持人了解听众需求的重要出口;

2006 年,龙广在线网站的《母爱好时光》开发在线收听和记忆广播功能,实现互联网用户网上收听;

2006 年,《母爱好时光》使用移动短信平台,实现直播中与移动用户的交流互动;

2010 年《母爱好时光》主持人开通官方微博,《母爱好时光》节目开通节目微博凯淇工作室母婴之声,成为网上节目宣传的一个通道;

2012 年 5 月,龙广在线《母爱好时光》直播平台的技术应用实现了听众同步收听的同时,还可以同步和主持人、听众三方间论坛式互动;

2012 年 6 月 1 日,《母爱好时光》上线移动及电信手机报的应用,节目开始利用移动终端为省内订户提供育儿资讯;

2012 年年末,《母爱好时光》开通 19 个千人会员的 QQ 听众群;

2013 年年初,《母爱好时光》开启微信公众平台,从注册之日到 4 月 18 日,不到 3 个月的时间里,共计有 7057 个用户注册使用,另外《母爱好时光》微信二维码可以让听众通过"扫描我"的方式在纸制宣传或网络上直接让潜在消费者成为《母爱好时光》的听众,这种方式让《母爱好时光》听众群人数以"病毒式"复制增长。"新媒体"在给广播带来冲击的同时,也带来了发展机遇。《母爱好时光》从节目创办之日起就和互联网"交朋友",直到今天《母爱好时光》一直努力将个性化广播产品拓展到互联网、手机等终端上,《母爱好时光》节目继续向全媒体运营转型,这已成为其努力方向和发展趋势。

三、拓展广播电视文化产业链条

随着文化产业的迅猛发展和广播电视文化创意企业发展水平的提高,广播电视文化创意行业的竞争打破了原有单一电视媒体的竞争局面,形成了产业链竞争的局面。因此,广播电视文化创意产业要顺应经济发展的潮流和文化产业的发展趋势,最大限度地拓展和延伸广播电视文化产业链,并建立以电视播出为主,拉动电视广告、表演、动漫和休闲旅游等广播电视文化创意产业链,最终形成一个具有深层内涵、丰富内容的产业链,并不断推动广播电视文化创意产业链向纵深方向发展。就广电媒体来说,电视产业化运营及生态圈构建的成功与否，决定着电视未来在传媒市场上的地位和份额。广电集团的大平台战略已经不单单局限于传统媒体与新兴媒体的融合，即"内容—渠道—技术"的融合，更多地聚焦在商业模式的融合发展上，谋划打造一个"超级市场"型的广告平台。

拓展节目产业链是电视发展的方向。电视台不再只是节目供应商和播出平台，而是"大平台+产业链+融媒体"的电视生态圈，它与网站、电商、新媒体等合作，形成新的生态关系。在内容上，提升顶层设计，内容 IP 化，倾向年轻受众市场，聚焦社会议题，注重价值观表达；在平台上加固底层设计，从技术、业务、渠道和商业模式上进行融媒体布局和探索。

此外，广播电视创意文化产业链的拓展要重视挖掘节目的潜能和可塑性，敏锐地发现可以发展和拓宽的内容。需要注意的是，在拓展产业链的过程中，需要大量创新型人才的支持，也需要结合广大工作人员的创意元素。

四、强化整合营销传播

整合营销传播源于广告营销，是指企业在经营过程中，以由外而内的战略观点为基础，为了与利害关系者进行有效的沟通，以营销传播管理者为主体所展开的传播战略。电视频道，加强整合营销传播，才能树立品牌。

首先，整合是指整合各种传播手段塑造一致性"形象"，这里的形象包括内在和外在两个方面。如今许多电视节目实现了制播分离，外在形象是指电视频道的视觉包装的一致性，即台标、主色调等视觉要素，这是给受众最直观的感受，在播出时必须进行标准化包装。内在形象是指电视节目的理念和风格，这些抽象的事物是整个频道所有节目的灵魂，也指导着其节目的策划。

其次，电视媒体不能局限于电视，而要进行全媒体推广和公关，例如，央视国际网站负责央视 15 个频道所有栏目的网站宣传，负责发布中央电视台报道的新闻事件以及电视台承办的各类社会活动的相关内容，如青歌赛新闻图片、视频资料等，实现了台内资源整合和台网联动。

最后，频道内部的电视节目也需要建立整合营销宣传体系，以湖南卫视为例，新节目上档之际，该节目的嘉宾会上《天天向上》《快乐大本营》等王牌节目进行宣传；新旧节目之间进行了巧妙的衔接，如第一季《爸爸去哪儿》的最后一集中，爸爸和宝贝们的最后一张任务卡是邀请他们去《我是歌手》的现场参与试听盛宴,这一安排巧妙地为接档节目进行了宣传。由此可见,未来在频道内部制定一套宣传模式是提升营销效果的保障。

五、加强频道包装,打造品牌

就广播电视产业中的电视产业发展来说,频道品牌建设至关重要。频道品牌建设要注重电视频道包装。电视频道包装就是电视频道的品牌标志,而这种标志就像企业识别系统一样,是经过设计制作而建立的一种完善的频道形象,是对理念、行为、视觉等频道外在形式要素的规范和强化;由频道标识、频道形象片、频道宣传片、频道广告语以及频道个性化的音乐、片花、字幕、色彩和衬底等识别元素构成。在频道大战时代,频道包装将是长期的、系统的、动态的、主体的、多阶层的形象树立和广告"叫卖"行为,唯有把完美的形式与充实的内容有机结合起来,频道的品牌才会形成,频道自身才会具有更长久的生命力。那么,如何使频道包装脱颖而出,达到事半功倍的效果呢?

(一)突出个性

避免电视频道包装相互间的雷同非常重要,因此频道包装的理念不仅要定位准,还要有表现民族或地域文化特色的元素。彰显自己的个性,打好特色牌,才能在众多的频道中站住脚。央视作为国家级电视台,代表党和国家的形象,它必须突出庄严、大气、恢宏的特色。浙江卫视的频道包装全力烘托一种儒雅清韵的江南之风。海南卫视根据自身的特点包装为一个旅游频道。凤凰卫视的两只挥动双翼旋转燃烧的凤凰图案构成了凤凰卫视最核心的形象标识,红色、黄色和橙色是凤凰卫视最显著的频道颜色。

(二)"变"中取胜

由于视觉识别系统与观众的接触非常频繁,所以每隔一段时间就需要对视觉识别系统进行一定的更改和维护,以激发观众的新鲜感,保持频道包装对观众的吸引力。而频道宣传片、节目导视菜单、收视宣传片可以隔一段时间进行一次更新。

频道的色彩风格和运动设计风格应该稳定一些,因为它体现了频道的视觉风格。频道的商标则要保持长期不变,因为没有哪个成功的品牌会轻易地更改自己的品牌标识。

另外，频道的形象短片和音乐也应保持长期一致。如当观众看到凤凰的台标、听到凤凰的片头音乐就会马上联想到凤凰卫视。

（三）规范统一

统一应包括：频道整体形象设计的统一；频道中各个节目、栏目的包装要素相对统一。规范化是指包装要有相对科学、规范的设计。无论个别元素在形象设计方面有什么样的好创意，如果没有顾及统一、规范的要求，都会破坏统一性和规范性。

CCTV-5 作为我国最大、最权威的体育频道，为成为最权威的奥运发布平台进行了改版。改版思路的其中一条就是"统一风格"。要规范频道的标准呼号，统一字幕系统，淡化栏目的个性而突出频道的整体感，使频道整齐划一。

（四）形象悦人

频道包装中应去掉纷繁的非主题元素，突出形象化、生活化的主题元素，包括色调系统和音乐旋律，再配以丰富的手法和现代化的创意。

CCTV-2 的包装别具一格，众多的红球跳动在人行道、楼宇间、铁路、公路、鸟巢或麦田中，整个包装简洁明了、直截了当，与画外音"经济频道，就在您身边"不谋而合。另外还有四组主持人与跳动的红球一起演绎着频道主打栏目，同样的话外音"经济频道，就在您身边"落在商标定版上。

（五）制造经典

电视是视听结合的艺术，电视包装需要在几十秒甚至几秒钟的时间内吸引观众，要想在短时间内最大限度地传播编播理念，就要善于抓住具有代表性的电视语言符号和最具冲击力的经典镜头。

第四节 动漫产业

　　动漫产业是指以"创意"为核心，以动画、漫画为表现形式，包含动漫图书、报刊、电影、电视、音像制品、舞台剧和基于现代信息传播技术手段的动漫新品种等动漫直接产品的开发、生产、出版、播出、演出和销售，以及与动漫形象有关的服装、玩具、电子游戏等衍生产品的生产和经营的产业。动漫产业有着广泛的发展前景，动漫产业被称为"新兴的朝阳产业"。动漫产业作为多媒体与高科技相结合的新型产业，其借助报纸杂志、图书、影视作品、互联网、手机移动端、游戏等增值服务，实现了快速发展，表现出了非常强的产业关联度，正因为如此，动漫产业有着极其庞大的产业链。

一、国际动漫产业的模式

　　动漫产业从欧美起步，经过 80 多年的发展，已成为一个成熟的产业。据相关统计数据，全球数字内容产业产值已经突破 4 万亿美元，与游戏、动画产业相关的衍生产品产值是数字内容产业产值的 2—3 倍。在国际动漫产业的发展中，由于各国国情、发展所处的时代、环境和条件不同，其发展模式也不相同。

　　美国模式：大而全的集团垄断原创发展模式。美国是动画产业的发源地。20 世纪初，动画电影在美国面世并形成产业，至二十世纪五六十年代进入繁荣时期，这一时期正是美国经济进入工业化后期。美国动漫产业在 80 多年的发展中，依托发达的经济力量、雄厚的创作和技术力量、完备的市场化组织力量，始终处于世界领先地位。美国动漫产业的出口仅次于计算机产业，产值达 2000 多亿美元。

　　日本模式：销售集团垄断，创作和制作企业小、散、多，原创为主、外包为辅的产业结构，国际化和市场化并举的市场结构。20 世纪 70 年代，日本承接了美国的动画制作加工转移。20 世纪 80 年代日本经济开始腾飞，动漫原创也得到迅速发展，日本逐渐成为动漫大国强国。世界市场份额的 65%、欧洲动漫产品份额的 80% 来自日本；日本销往美国的动漫产品是其钢铁出口的 4 倍，广义的动漫产业实际上已超过了汽车产业，但日本仍然是高水平动画外包的承包国。

韩国模式：原创为重点、服务外包为主的产业结构，国际市场为主要目标的市场结构。20 世纪 80 年代，韩国承接了日本的动画制作加工转移，从简单的上色到后来承接整套工程，韩国在外包中积累了动漫制作的理念、管理和技术，成为世界上最大的动画加工厂。20 世纪 90 年代后期至今，韩国经济崛起，韩国动漫原创迅速发展。其动漫产业销售额占国际市场近 10%的份额，成为第三动漫产业大国。

加拿大模式：原创与外包相结合、国际国内市场并举的结构。加拿大从 20 世纪 80 年代开始承接美国动画加工，20 世纪 90 年代开始发展动漫原创，采取了原创和外包同时发展的模式，其方式灵活，不拘泥于原创和外包。一是合作制片，主要是国际合作，产权大部由加方控制。这样做既有利于分享更丰厚的市场回报，又能通过合作方有效地拓展国际市场。二是本土原创，这样做市场回报高，但市场销售由自己独立完成。三是承接外包，加拿大拥有世界上一流的动画制作技术和企业管理，拥有多个著名企业，承接美、日、欧外包项目。

二、我国动漫产业的发展

我国动漫产业的发展有着光辉的历史。20 世纪 40 年代，中国第一部长篇动画——《铁扇公主》诞生，这部动画是当时亚洲最早的一部动画。其后，上海美术电影制片厂先后制作完成了《大闹天宫》《哪吒闹海》等经典作品，并在国际电影节上大放异彩。尤其值得一提的是，以 1959 年《小蝌蚪找妈妈》为代表的水墨动画，巧妙地将国画艺术融会于叙事之中，堪称极致珍品，为世人所瞩目。当然，同样在当时家喻户晓的"小人书"：《三国演义》《水浒传》《红灯记》《智取威虎山》画工优良、情节生动，比现在市场上流行的日本漫画有过之而无不及。

近年来，伴随着"动漫产业"的极度升温，沉寂已久的动漫市场也终于开始复苏，全行业表现出良好的发展势头。一批非常有代表性的动漫作品，如《喜羊羊与灰太狼》《麦兜响当当》《马兰花》《小卓玛》等相继问世。可以说，"动漫"已成为大街小巷众人耳熟能详的一个词语，"动漫产业"也逐渐成为朝阳产业，"动漫产品"成为广大人民群众喜爱的文化产品。动漫观众规模扩大，消费者构成年轻而非低龄，越来越多的动漫产业通过社交媒体进行多种类型的营销并整合线上线下活动、制造口碑，吸引动漫产业消费者。

动漫产业基地、动漫产业园区在全国各地应运"开花"，成为各地发展动漫产业的领头羊。但我国动漫产业的发展与人民群众不断增长的精神文化需求和不断发展的市场需求之间还有很大的差距，与动漫产业发达的国家差距则更大。

一是原创动漫作品匮乏。原创作品匮乏的原因主要在两个方面：第一，动漫作品的类型以神话以及说教类的居多，但并没有将这些题材进行深入的挖掘，如日本和美国则以中国历史和传说为题材，经过改编和融合，创作出国际知名的网络游戏和动漫作品，像日本出品的网络游戏《真·三国无双》、漫画《七龙珠》和美国电影《花木兰》《功夫熊猫》等。而且大多数动漫制作者习惯性地以成人的眼光来对儿童们的心理进行揣摩，将一些文学名著和历史典故等照搬照抄，完全忽略了动漫作品的创新意义。第二，国产动漫发展至今尚未形成独有的动画风格，多个方面，像动画角色的设定、故事情节的讲述方式等，仍然受其他动漫产业发达国家的影响。

二是市场培育不健全。近年来，尽管政府部门先后出台了一系列政策扶持本土动漫产业，并在各地举办动漫节，如厦门国际动漫节、杭州国际动漫节等，来加强市场的宣传力度，培育动漫市场，但各地发展很不平衡，特别是动漫产业衍生产品开发乏力，不少原创动漫企业举步维艰。

三是产业链不完整。目前，国内动漫产业链还没建立起来，往往是完成播放一个环节后，则基本上处于被动停滞的状态，好一点的动漫作品有图书或音像出版发行，而玩具和形象授权则是凤毛麟角。

四是人才缺失。动漫产业链的搭建缺少优秀的包括创意、研发、市场营销、管理等在内的各类人才，从人才的素质或人才的数量，都与其他动漫强国相比还相差甚远，现有的动漫产业团队虽然"不差钱"，但要创作完成一些经典的作品并产生联动效应，还有待时日。

五是过于注重产量，从而忽视质量。近年来，动漫产业的发展获得了政府的相应支持，政府对动画的播出予以奖励，如某个动画只要在电视频道播出一分钟，就给予其相应金额的奖励，因此，很多动漫企业为了能够拿到这些奖励，将原本只有几十集的片子，进行粗制滥造，硬生生扩大到百集的范围。而且在各个企业间也存在着相互比较产量、排名以及政绩的情况，导致精品动漫作品越来越少。

三、动漫产业的创意与策划

与传统产业相比，创意对于新兴的动漫产业来说具有无可比拟的重要性，而这些创意的特点主要是围绕以下几个方面表现出来。

（一）动漫明星，设计制胜

成熟、复杂、庞大的动漫产业链，都是由一个个深入人心的卡通明星带动起来的。动漫形象创意的好坏往往决定了一个产业链的命运。日本人仅仅凭借着一个奥特曼的卡通形象，就在中国的动漫市场打下了一片天地。还有流氓兔、樱桃小丸子、机器猫等，有着国际影响力的大牌动漫明星，都带动了一大批周边衍生产业的开发和销售。就如同商家利用娱乐界的人气明星进行商业开发，谋取更多的商业价值一样，这种明星效应同样适用于动漫明星。很多商家通过挖掘动漫明星的商业价值而获得了巨额收益，也由此带动了整个动漫产业链的发展。

目前国内动漫产品的生产制作中，最严重的问题就是缺乏优秀的动漫明星。虽然我们的动漫产量已相当可观，但并没有产生有影响力的动漫明星。美、日动画衍生产品的开发经验证明，优秀的动画明星形象塑造是衍生产品开发中最关键的因素，而这恰恰是我国动漫的软肋。一项统计显示，中国青少年最喜爱的 20 个动漫形象中，19 个来自日本，中国的动漫形象只有孙悟空名列其中，而且孙悟空的形象还来源于几十年前的动画片，这种现象不能不让人深思。

发达国家都有自己极具创意的动漫品牌形象，以日本的机器猫（哆啦A梦）为例，仔细分析来看，其实机器猫的形象就是一只蓝白色的卡通猫，这只猫的脑袋有点大，脸部设计得很人性化，肚皮上还有一个类似袋鼠一样的小口袋，里面装满了各种各样的神奇的工具。从整体形象来看，机器猫憨态可掬、亲切可爱、童趣味十足。这只形象设计简单的小猫咪竟然涵盖了我们生活的方方面面，市场上标有机器猫卡通形象的玩具、服装、文具、电子产品、日化用品、书籍及影像制品随处可见。它所涉及的领域已远远超出我们的想象，在它的身后是一个成熟的产业链，各种衍生品的开发和销售也形成了一套完整的运营体系。由此看来，机器猫品牌的经营方向很明确，那就是所有机器猫动漫目标消费者在生活中可能使用到的商品，在某一天都有可能变成机器猫开发商的新品。在充分利用机器猫品牌号召力的同时，以目标消费者的生活需求作为开发创意，进行衍生产品和周边产品的开发，可以将整个产业链更有效地紧密结合起来。

然而，纵观我国的动漫形象，大体脱不了中规中矩的设计，在卡通形象的个性刻画上总是不尽如人意，不够可爱夸张，吸引力不足，避免不了俗气、幼稚、呆板。同时，我国的卡通设计重复和模仿的痕迹也很明显，这在很大程度上制约了我国动漫产业整个产业链的开发。

成功的动漫形象所拥有的巨大明星效应，是其身后衍生产品的强有力的广告先锋，很多青睐这些动漫形象的受众会因为喜欢这些卡通形象而去购买和搜集与之相关的产品。这些动漫形象的成功设计不仅扩大了其自身的传播，也为动漫产业提供了一个相当大的空间。如果没有具有创意的动漫形象，动漫作品的衍生产品和周边产业都无法进行开发，动漫作品的附加值也就无从挖掘。例如，美国的迪士尼公司在制作播放迪士尼系列动画片的同时，出版销售与之配套相关的书籍和音像制品，并在全球范围内建造迪士尼乐园，还广泛开发销售各种迪士尼产品，形成了一个完备的产业链。

（二）深度开发，持久盈利

好的创意会给动漫产业带来持久的影响力和长期的盈利。动漫产业的创意并不仅仅停留在对动漫作品本身创作中体现的创意，还体现在形成自己的动漫品牌之后，加大品牌的跟进力度，把品牌做大做强，增强长期经营的可能性，使衍生品延伸出巨大的经济价值，带来长久的品牌影响力。

Kitty 猫是动漫产品影响的持久性与长期性的典型代表。这个席卷亚洲的形象——Hello Kitty，是众多女性和儿童的最爱。它的影响力不只在动漫界，而是已经涉及玩具、服装、文具以及电子产品等各个领域。Hello Kitty 已经快五十岁了，这对一只猫来说是够老的了，而且在如今这样一个时尚潮流快速变迁的全球市场上，能够立足几十年，实在是令人感叹。

这些创意为动漫产业带来了强大的市场生命力，随着时间的推移，他们的影响力和商业价值有增无减。

（三）文化特色，创意源泉

动漫产业本身就是一种文化产品，它的文化性是根深蒂固的。我国几千年的传统文化底蕴和文化资源为动漫产业的创意提供了无限的题材和空间。但是，在拿来主义的基础上，动漫创作者只有不断地深入挖掘传统文化的精髓，在形式和内容上与时俱进，才能把创意进行到底。

动漫无国界，好的动漫创意有可能征服全球范围内的消费者。但是动漫作品不可避免地会体现某种文化和区域背景，它在一定程度上反映了某种文化资源的精神价值。例如，日本著名动漫片导演宫崎骏用他的《千与千寻》等作品表述着与《宝莲灯》一脉相承的传统文化价值，而日本人开发的角色扮演游戏——《最终幻想》则被用来思考人们对于未来、对于终极理想的严肃命题，很多动漫作品中的文化色彩提升了动漫本身的创意价值和内涵。

动漫是构建在一个有着丰富文化资源基础上的文化产品，有着广阔的发展空间。动漫是无国界的，也就意味着它能够从优秀的传统文化中汲取灵感和素材，能够将世界多元的优秀文化为我所用，结合现有的高科技数码手段达到文化为创意服务的目的。就拿美国迪士尼改编的《花木兰》来看，在中国的传统文化里，这是一个典型的代父从军的传说，但是经过美国人的改编，"孝义"被"女性价值的觉醒"所取代。在这部动画片中，添加了很多能增强时代感的细节，更有表现美国文化的东西贯穿人物和情节，所以在西方国家的票房非常可观。再看看热遍全球的《哈利·波特》，这个故事充满了魔幻色彩，各种新奇的魔法贯穿始终，然而在很多大人看来，罗琳强调的并不是魔法本身，而是勇气、决心、辨别是非善恶以及一群孩子的成长历程。

一般来说，文化特色在动漫产业的创意中主要通过两种方式表现出来。

一是赋予现代化的内涵。时代在变，受众对文化的需求也在改变，我们应该对文化进行现代化的阐述，使之更好地为现代人所理解、所接受，千万不能像以前我国的一些动漫作品那样，只是给文化穿上动漫的外衣，裹在里面的仍然是冷冰冰的文化，毫无亲近感。

二是凸显民族特色。越是民族的就越是世界的，但是我们对民族特色的理解有偏差。在我们以前的动漫创新中，民族特色更多地体现为视听语言上的民族风格，比如民族绘画、民族音乐、民族风情等。实际上，受众对那些视听语言方面的民族特色很容易遗忘，而真正记住的是那些内在的文化精神。

当今，在大众文化浪潮下，动漫文化的主导地位会进一步地表现出来。它将承载着新的历史任务，那就是将传统文化资源在更大更广的范围内加以推广和发扬。这样既有利于传统文化的弘扬，也会创造出更多的商业回报，它的文化价值值得期待。

（四）高新科技，创意平台

现在的很多动漫作品，其创意都是通过高新技术来实现的。高新技术的应用为动漫产业的创意提供了无限的可能和广阔的技术平台。这些技术已被广泛地渗透到动漫创作、动漫生产、动漫营销的各个环节。由此，动漫产业和高新技术的结合对动漫的创意有着不容忽视的影响力。

高新技术对动漫的影响主要是由计算机技术的应用带动起来的，它被广泛地应用到卡通片的创作和策划中。例如，在《精灵鼠小弟2》的制作中，导演罗伯·明可夫带领他的计算机技术制作班底，绘制出了以假乱真的"鼠小弟"形象。"鼠小弟"头上50多万根闪闪发光的头发，都是用数码技术制作出来的。而《花木兰》片中那场匈奴大军激战的戏，仅用了5张手绘士兵的"原图"，就用计算机变化出数千个不同表情的士兵厮杀的模样。如果影片以传统手绘的方式完成，以同样的人工需耗时20年，而现在运用计算机技术，整部电影的制作时间缩短了四分之三。在《鲨鱼故事》的创作过程中，梦工厂的软件开发人员制造了超过12种的新软件工具，包含超过2300项的特色和增强功能。《鲨鱼故事》中包含了超过300000帧的画面，每帧的渲染都超过了40小时。该影片的创作使用了超过30TB的硬盘空间——大致等于54000张CD-ROM光盘。还使用了超过八千米长的胶片，使用了2000多个处理器，耗时600万个CPU小时。科技手段在这部片中得到了非常广泛的应用。

可以说，是数码技术催生了新媒体与动漫的结合，出现了手机动漫和网络动漫两大潜力巨大的分支行业，使动漫产业又有了翻天覆地的变化，不仅仅是电子漫画取代了纸张印刷版漫画的地位，新型的以互联网和手机为代表的新媒体，由于其更丰富的色彩、更精致的图片展现能力和大范围的迅速发展，能够以更直观、更便捷、更生动、更广泛的方式将视听图书等多种方式融合起来，再通过新媒体的平台传达给受众，给受众带来全新的视觉和听觉享受。互联网、手机、个人数字处理系统等高科技手段为动漫产业创造了更多的机会，极大地加速了动漫的传播。

目前，动漫的主要消费群体还是青少年，这个群体对应用高科技的产品非常有兴趣，会积极尝试、乐于接受新科技和新时尚，喜欢突破性的新玩意。而动漫的优势在于图文并茂、传统和时代交融、人物、情节的缤纷多姿，再加上电影、电视语言的独特魅力，正好符合了他们在这方面的要求。从这个角度出发，动漫产业和高科技的结合是必然的。

（五）针对受众，满足需求

明确市场定位，把握主要的消费群体，是动漫产业创意策划的基本原则。消费者对于具体的动漫产品存在着消费动机、个人兴趣、文化背景、时尚潮流、年龄差异和市场宣传等因素的影响，因此对动漫产业的需求也就呈现出多样性。由于多样性需求不可避免，一个具体动漫产业的设计大多针对某类群体的需求而推出，这部分消费者应该是此动漫产品的主要消费群体，也称目标观众。例如，"白雪公主""灰姑娘"等卡通形象的成功，反映了人们渴望真善美、崇尚爱情的需求心理。所以，在动漫策划时要协调受众需求的差异性，把这些因素考虑进去。这就要求创意者能够把握目标消费者的喜好，并能深度理解流行的动漫主流作品。在这点上，日本的做法值得学习。在日本，针对不同的读者群体的需求和各自的特性，将漫画分为幼儿漫画、少年漫画、青年漫画、女性漫画、成人漫画、科幻漫画和爱情漫画等多种。根据消费群体各自的不确定因素，在内容、图画和阅读方式上各有特色。

以《我为歌狂》为例，这部动漫作品明显的消费群体是在校中学生，因此，在题材的选择、人物的关系以及造型等方面，都预先设定在中学生的审美标准和观赏倾向上。52集的《我为歌狂》是中国第一部校园音乐题材的动画片，故事以音乐为主线，通过两个学生乐队的成长道路表现了现今高中生活的状态和青春故事。人物形象设计新颖时尚、现代感强，故事情节曲折生动，贴近中学生的生活。剧中的9首原创歌曲更是精彩纷呈。可以看出，《我为歌狂》对题材的设置、音乐及主场的选择都是以中学生的喜好为导向，以吸引中学生群体。它的市场定位明确，因而作品一经推出便深受中学生的欢迎。由此可见，动漫在策划阶段就要有明确的市场定位，针对目标受众的心理和消费需求，在接下来的创意和产品宣传、开发中突出特性，从而占领市场先机。

据了解，那些动漫强国的很多经典动漫，都是在推向市场之前就策划好了其广泛的受众群体以及适合各层次受众口味的台词、情节、场面和内容。有的是幽默贯穿始终，有的充满想象力，还有的以成人的思维来探测孩子的世界等。这些创意充满了情趣，具有很大的吸引力，因此，其中很大一部分动漫都是老少皆宜的。日本的卡通片《蜡笔小新》，片中充满了童真、幼稚以及令人捧腹大笑的幽默，也贯穿了成人的思维和行动，这个创意大获成功，很快在幼儿、青少年、家长和白领中受到追捧和喜爱。

尽管孩子是动漫产业最忠实的消费者，但是也不能忽略了成人市场的巨大潜力和内在需求。在中国，动漫早已跨越了一部分动漫爱好者的范围而扩散到了不同领域和不同年龄层的人群中，这为我国动漫的发展提供了更广阔的舞台和更强大的生命力。

如今更多的动漫产业在创意时多了一项原则，就是扩大受众范围，吸引更多年龄段的消费者，其中就包括消费能力较强的白领等，这在很大程度上加速了我国动漫产业的发展。例如，扬名于互联网的"绿豆蛙"，凭借其清新可爱的卡通造型，迅速在白领中流行起来。

目前，除中央台的少儿频道外，其他四个动画上星频道都将自己定位为全龄频道。动画频道实施全龄服务定位的创意方案，顺应了动漫市场的需求和全体消费者的愿望，这将极大地改善中国动漫产业的现状，丰富国产动漫的内容和题材，有助于出现更多老少皆宜的动漫作品。

（六）衍生设计，衍生销售

衍生产品是动漫产业链中最突出也最能为动漫品牌增值的产品。我国原创动漫的衍生产品随着产业市场的发展逐步成熟：一是动画初级衍生品，如动漫游戏、动漫玩具等产值持续提升。所谓初级衍生品，是指与动漫原创作品关联度高的产品，通常是将其中的动漫形象或故事情节加以利用开发。动漫玩具也依托国内廉价劳动力，打造出一些有影响的本土品牌，如"蓝猫""喜羊羊"等，赢得了小朋友的喜爱和追捧。二是高级衍生品。诸如动漫旗舰店、主题公园的规模日益凸显。高级衍生品是指区别于初级衍生品，能够将动漫品牌与市场产业运营紧密融合，并且能比初级衍生品实现更大利益增值空间的动漫附属产业开发。另外，动漫主题公园建设也成为近年来国产动漫产业发展的方向之一，华强公司的方特欢乐世界主题公园，就是将自己的动漫作品衍生成真人秀，搬到这些主题公园内，和游园的小朋友进行互动，在扩展了自己品牌知名度的同时，实现主题公园的销售收入，又增加了收视率；另外一些动漫影视城的创作，也增加了我国本土动漫品牌的培养和推广，这些都成为拓展国产动漫产业创作营销的重要举措。

围绕动漫衍生品，设计和开发不可或缺。首先要加强动漫衍生品的设计。动漫衍生产品是将视觉感受的图像用实际产品体现出来，是可以摸得到的美。动漫衍生产品作为产品设计的一个类型，它的开发除了应突出易用性、经济性、创造性等设计原则之外，还要遵循动漫原型的完善性原则。动漫原型的颜色、外貌、服饰、表情等，都可以借鉴市场的反应进行微调，把动漫原型最受人欢迎的一面融入其衍生产品之中，以最大限度赢得人心。就像面对中国这个庞大的市场，米老鼠披上唐装，唐老鸭开始穿绣花鞋，睡美人扎上了红头绳，以适应本土受众的特殊需求。而动画片《喜羊羊与灰太狼》之所以如此成功，其中的一个关键因素就是主创方善于汲取他人的建议，完善动漫原型及其衍生产品。在创作之初，导演率领编剧、漫画师首先将设计好的卡通形象在公司内部进行投票选择，选出其中最好的形象，再进行修改。其次又将设计好的卡通形象拿到中小学、幼儿园找学生来评议，再根据学生意见进行修改。最后拿到玩具制造商那里去征求意见。经过这三个环节的推敲、修改，才确定下来每个卡通形象。这些卡通造型不仅形象可爱，令人过目不忘，而且方便生产各种动漫衍生产品，易被消费者接受。

国内动漫衍生品在原创思维和设计开发上存在的问题就是产品本身的创意不足。产品的创意设计推动产品不断推陈出新，适应消费者日益增长的品质需求。创意思维在动漫衍生品设计过程中要充分考虑消费者的生理和心理需求。动漫衍生产品开发中的创意设计可以运用创意思维从以下两方面入手。

一是从动漫形象的特征中寻找设计创新点。动漫衍生品的设计基础是动漫形象本身，设计初始对动漫产品本身的考量是必不可少的步骤。动漫产品设计应注重挖掘动漫形象本身的特点。2015 年动漫电影《超能陆战队》中的"大白"，一改原著中的暴虐人设，在影片中的以呆萌暖男形象融化了全球影迷的心。其衍生品涉及手办、手机壳、服装等。其中大白夜灯广受欢迎，其采用温和的搪胶工艺材质，可以随意扭动肢体，内置夜灯。深夜发出柔和光线的大白静静地坐在角落里陪伴人们入睡，正好吻合了影片中温暖纯真的角色形象特质。

二是从细节创意上寻找设计突破口。动漫衍生品的创意可以从细节入手，提升品质，创新求异。首先就是色彩的使用。产品造型最基本的两个要素是形态与色彩。色彩更加直观，情感表达更加直接。产品的色彩包括产品制作材料的颜色和材质感。不同的产品设计有不同的色彩配置需求，通过合理的色彩搭配满足设计需求。动漫衍生产品颜色的设计都需要建立在原形象色彩搭配的基础之上。其次，材料的使用非常重要。绒毛触感柔和、玻璃晶莹剔透、原木天然纯厚、金属坚固冰冷。不同的材料无论是在视觉上还是触感上给人的感觉截然不同。多样的材料也为产品设计师提供了丰富的设计思路。时代飞速发展的今天，新材料的使用反映了设计师对科技发展的敏锐度，新材料的合理使用成了设计创新的关键。

三是从新兴数字媒体产品开发上寻求设计突破口。新媒体是新技术支撑体系下出现的媒体形态。它主要以网络和手机为基本传播载体，其数字化、网络化、多媒体、交互性的特点为动漫传播品提供了更广阔的空间和更快捷的方式。应充分利用数字技术和网络技术等新传播技术以及"三网融合"等新的传播方式，加强跨平台的技术研发和作品创作，大力发展手机动漫、网络动漫、在线游戏、数字娱乐及增值服务为主的短信、彩信、游戏、数字影像、信息类作品。在研发移动动漫、动漫视听、真人动漫秀、动漫游戏等新型产品时，借助网络媒体、网络电视等多媒体视频播放系统、视频搜索网站在互联网上发布动漫视频内容。由于动漫与网游人物塑型、故事情节、美术处理等方面十分接近，所以可重点开发休闲、益智和社区类游戏，同时注重反映传统文化和人文精神。

还要加强动漫衍生品的销售。动漫产业衍生品的销售、发行非常重要。目前，一般采用平台销售和授权出版发行两种新模式。

由于新媒体的兴起，动漫衍生品的开发有了一种经济快捷的方式——平台销售。动漫企业创造了一个个走红于互联网的动漫形象或动漫作品，移动、电信等运营商为动漫形象和作品传播提供了互动和开放的平台。漫画书、动画片、网络游戏或者各种衍生品在线下开展商品授权，获取巨大的商业利益。与传统动漫产业链基本模式不同的是，"新模式"在动漫作品的策划、制作、发行、播映、授权、产品开发与销售等环节都兼容了新媒体的特点与市场规律，更加贴近市场的需求：动漫形象更贴近观众的喜好，产品设计更人性化，更具亲和力；播出渠道更为广阔，销售渠道更趋多元化；最重要的是减少了产品开发与市场营销的成本。近些年，国内也出现了一批出色的网络动漫形象：兔斯基、小破孩、悠嘻猴、绿豆蛙、招财童子、刀刀狗、炮炮兵等这些颇富个性的原创作品或通过作品，或通过微信表情、数字漫画等方式，在网民中快速传播，建立起了虚拟品牌知名度；接着，通过无线下载、品牌授权以及销售其衍生品（包括饰品、服装、玩具、文具、食品等）多种收益的盈利模式获取利润，并逐渐融入人们的生活。

授权出版发行是国内动漫行业的一大突破。动漫企业在出让自己作品的权利的同时，也获得了更大的利润，尤其是随着影响力的不断扩大，其产品的增值空间也变得越来越广阔。授权出版发行，不仅在经济效益上能够得到更大的空间，还在品牌形象的树立上突破理念。北京神笔动画制作公司就是运用授权发行的新商业模式，将产品推出去，使企业制作的动画片获得了很大的升值空间。2004年，动画片《火星娃学汉字》受到欢迎之时，许多出版社主动找到神笔动画公司表示愿意与其合作，出版图书及音像制品。神笔动画从众多出版社中选出给出条件最适合者开展版权交易的合作，其中包括出版图书和出版音像作品。当《勇闯魔晶岛》热播时，又有出版社、玩偶厂家主动上门，神笔动画通过实际调查，多渠道获取合作者信息，最终选取了一个信誉佳、质量好、产值高的厂家合作。神笔动画制作公司卖出版权，与周边产品同步开发上市，不仅提高了动画片的知名度，还为企业成功缓解了资金压力等问题。神笔动画成功的经历表明，向不同行业的专业公司授权出版发行或是开发，请不同专业公司的人打理不同专业的事情，有时会达到事半功倍的效果。

（七）漫画产业，奠定基础

要建立动漫产业链，首先是要发展漫画产业，动漫大国日本的经验是先发展漫画，再发展动画。日本整个漫画发展过程若从江户时代算起，已有四百多年历史。但根据我国目前的国情，我们不能机械地走日本漫画产业自然发展的路子。我们只能根据自己的条件，超常规地开创一条适合中国国情的动漫产业发展道路。

根据现有的条件及体制优势，我们可采取快速发展漫画产业，健全动漫产业链，加大政策扶持力度，扶持现有的漫画刊物等措施，使其迅速成长。

由动漫产业基地按片区联合投资创办漫画刊物，可面向全国征稿，也可吸纳有策划能力的机构专门为刊物进行选题策划，组织漫画创作。基地专事制作的企业可在这些刊物中选择优秀作品改编动漫产品，刺激漫画产业的发展。

由每个基地自己整合当地报刊、出版社、动漫制作机构、影视制作机构等资源联合创办漫画刊物，为动漫制作机构提供原创故事。

由各地有实力的报刊或出版社共同出资创办漫画刊物。报刊和出版社可充分利用其广大的读者群和发行优势，迅速做大漫画产业。

加紧培养漫画作者。各地大学可尽快将现有过多的动漫制作专业调整为培养漫画创作人才的专业，在大学的剧作、文学与新闻专业中增加漫画脚本创作课程，使学生成为漫画创作的后备力量。此外，可由报刊、作家协会、少年报社、学校共同举办漫画脚本征文比赛，从中发现并培养优秀漫画作者，这些创作力量今后有可能成为动漫产品的编剧。

（八）整合机构，做大做强

要发展动漫产业，动漫机构并不在于多，而在于强。目前，我国有实力的动漫制作机构并不多。而要改变这种现状，达到壮大动漫制作机构的目的，就必须要对现有分散的企业进行整合。整合有两个含义，合并和联合。

所谓合并，就是在每个省市扶持几个龙头企业，以龙头企业并购众多小企业，但这种办法涉及方方面面的利益，在操作上有一定难度。

所谓联合，就是以几个大企业为核心，联合那些各有所长的小企业，建立漫画、动画、衍生产品开发一条龙的产业链；形成以市场调查、选题策划、剧本创作于一体的前期创作、中期制作、后期营销的产品链。这样既可充分发挥各自的优势，又可提升产品的数量与质量。

以日本为例，全日本 450 家动画制作公司并不都能独立完成片子，只有 50 家有创意及制作实力的公司可以接到合同，其余的 400 家都是配合这些公司进行制作的。这些企业大部分是以承接画面制作为主的工作室或小公司，综合实力不行，但专业技术不错，正好成为大公司的技术外援。可见，这种小企业与大企业的有机整合是动漫产业做大做强的有效途径。

第五节　网络游戏产业

一、网络游戏及其特点

网络游戏，又称"在线游戏"，简称"网游"，是通过互联网连接的供人们使用并具备娱乐性、休闲性，便于玩家之间交流的游戏方式。世界上第一款网络游戏是麻省理工学院由史蒂夫·拉塞尔研发的《太空大战》。

网络游戏不同于我们平时玩的电子游戏，它是通过玩家在其官方网站搜索并且把客户端下载到自己的计算机里，通过客户端创建属于自己的账号、密码并选择自己喜欢的游戏角色及体型，可以根据自己的喜好来选择时装、发型。一般来说，网络游戏可供玩家选择的角色类型、上手的难易程度及美观度等方面选择较多，满足各种玩家的需求。一般游戏玩家参与网络游戏的方式分为人人对抗、人机对抗和通过倒卖游戏币及材料获利。网络游戏可分为角色扮演类游戏、策略类、战略类、动作射击类、模拟类、休闲对战类等，是一种基于互联网的竞技活动。

网络游戏产业是文化创意产业的重要组成部分，是现代电子技术的产物，它是结合了计算机、网络通信和信息服务的综合性高科技产业。作为一种新兴的信息文化产业，网络游戏产业是指提供与网络游戏服务相关的产业，包括网络游戏开发商、电信运营商、互联网提供商及计算机软硬件生产商等部门。

当传统的计算机游戏和互联网紧密联系后，游戏体现出更多新的特点。

（一）互动性

由于网络游戏使更多的玩家进入同一个游戏，势必会改变传统游戏一个游戏终端的局限性。更多的玩家进入游戏时，游戏本身的趣味性大大增加，它不再是基于人机的单一模式，网络让游戏中的玩家可以相互交流。

（二）灵活性

网络游戏改变了传统游戏的人机对话单一模式特点。网络游戏具有更灵活的游戏方式，它不再限定游戏的最终目标，完全可以根据各种玩家不同的需要来进行，使玩家沉浸在虚拟世界中去实现现实世界中无法实现的理想。

（三）占用时间长

网络游戏的另一个特点就是占用时间长。网络游戏的用户在线时间是一般单机游戏用户平均上网时间的一倍。这不但对网络游戏运营商有着巨大的意义，而且对于靠上网时间的长短计费的电信运营商及网络服务提供商来说，更是一块不可多得的"大蛋糕"。

经过几十年的发展，网络游戏以其独特的魅力占据了娱乐领域的主流位置。网络游戏作为一个重要产业也快速发展起来，成为全球经济增长的亮点。美国网络游戏业已连续多年超过好莱坞电影业，成为全美最大娱乐产业。日本游戏市场每年创造2万亿日元市值规模，其产品出口值远远高于钢铁出口值。韩国游戏业产值占全球的30%，已成为韩国国民经济的六大支柱产业之一。网络游戏的诞生让人类的生活更丰富、更快乐。网络游戏丰富了人类的精神世界和物质世界，促进了人类社会的进步。

二、中国网络游戏产业的发展

20世纪90年代末，互联网进入我国并以惊人的速度发展起来。相应地，网络游戏这一存在着风险及较大潜力的产业也逐渐兴起。21世纪初，互联网在我国基本普及并且基本覆盖家家户户，网络游戏这一产业也凭借着较好的基础以及较大的优势蓬勃发展。

我国网络游戏市场的容量非常可观，网络游戏以其新颖独特的娱乐方式和盈利形式被消费者、投资商和软件开发商一致认可，网络游戏产业已经成为极具发展潜力的、具有广阔前景的朝阳产业。至今，我国已有许多发展壮大的网络游戏公司，如腾讯等，他们研发的各种网络游戏在中国的玩家中较为盛行。网络游戏受众范围很广，不仅小学生、初中生、高中生、大学生钟爱网络游戏，甚至父母长辈也不同程度地对网络游戏有一定的依赖程度，网络游戏是消遣、打发空余时间的一种较好的选择方式。

中国网络游戏产业发展的优势表现在以下几个方面：

（一）市场优势

调研数据显示，网游用户集中在 10—29 岁之间。《2016—2021 年中国网络游戏行业商业模式创新与投资机会分析报告》显示，截至 2015 年 12 月，网民中网络游戏用户规模达到 3.91 亿，较 2014 年年底增长了 2562 万，占整体网民的 56.9%，其中，手机网络游戏用户规模为 2.79 亿，较 2014 年年底增长了 3105 万，占手机网民的 45.1%。

2015 年度中国游戏产业年会于 12 月 14 日至 16 日在中国海南博鳌亚洲论坛国际会议中心举办。2015 年 12 月 15 日，《2015 年中国游戏产业报告》正式公布了 2015 年中国游戏产业相关数据，其中，中国游戏市场实际销售收入达到 1407 亿元，同比增长 22.9%。

中国庞大的网民基数与巨大的增长潜力，成为中国网络游戏市场规模不断增长的根本基础和市场动力。

（二）文化优势

透过品种众多、纷繁复杂的网络游戏产品本身不难发现，是其背后的不同文化得到了认可。网络游戏产业归根结底是一种文化产业，体现着文化特性。中国市场的游戏产品，每款游戏成功的背后都蕴涵着源于本土化精神的力量，而一个国家的"文化元素"是其出品游戏的基因，起着决定作用。

网络游戏利用并把握了现代人的性格以及生活特性，拥有很强的聚众性能，而其聚众性归根结底则需要用户对其文化背景的认同和接受。在网络游戏产品走向国际的过程中，本国文化的积淀尤为重要，中国是一个具有悠久历史文化的大国，五千年的文化底蕴为我们提供了丰富的想象空间。

（三）产业优势

电信运营商是对网络游戏产业影响最大的外围行业。网络游戏运营商租用服务器等向电信运营商支付费用和游戏用户进行网络游戏，为电信的数据通信业务收入做出贡献。电信运营商也因其垄断性运营资源及雄厚的资金资源，成为游戏运营商最为重要的产业外合作伙伴，促进网络游戏产业的健康发展，形成良性循环。

网络游戏产业有着互动数字内容产业和休闲产业的特征，是一个横跨互联网、计算机、软件、电子商务等诸多领域的综合体，产业渗透力巨大，对相关产业有很强的拉动作用。随着网络游戏市场在中国的不断发展，网络游戏厂商正在抓紧将产品线向相关周边产品延伸。各种跨平台、跨行业合作方式的出现，必将催生出更多更新的商业模式和行业发展机遇。特别是随着高质量、高市场号召力的国产原创游戏的出现，中国网络游戏产业还会产生更大的拉动效应。

三、网络游戏产业的发展策略

（一）坚持产品创新

在同质产品泛滥、玩家选择众多的情况下，一款独树一帜、新颖的游戏往往能得到玩家的青睐。坚持产品创新除了突出故事的原创性、制作技术的领先性以及产品的独特性之外，还应做到以下方面。

1.细分用户群体，开发有针对性的产品

当前我国网络游戏内容类型呈现出明显的不平衡性。用户年龄阶段不同、性别不同、职业不同、审美趣味不同等，都是出现此现象的因素。因此，必须对网络游戏用户进行细分：一是根据年龄阶段进行细分。网络游戏用户的年龄层在近两年来趋向于低龄化和中老龄化，14岁以下和40岁以上的网络游戏用户增长迅速。二是根据性别进行细分。近来女性网络游戏用户数量有增长的趋势，但由于以往男性网络游戏用户的数量比女性网络游戏用户数量多，因此一些网络游戏开发商往往不把女性网络游戏用户作为潜在用户群。三是根据职业类型进行细分。信息时代的来临，使得大部分白领在工作时离不开网络和计算机，白领阶层成为潜在客户群。同时，针对不同客户群体开发有针对性的产品，进一步调整产业内容结构。如可以针对女性客户群体，着重研发游戏画面色彩鲜艳可爱、操作简单易上手的休闲可爱类的网络游戏；而针对白领阶层时间的碎片化，可加大研发不需要客户端的网页游戏的力度。

2.增加产品的周期意识，对产品线进行规划

首先，要彻底抛弃"换汤不换药"的模式，即使是同一款游戏的续作也要做到创新；其次，对于一款产品，在其"导入期—成长期—成熟期—衰退期"的发展过程中，要针对不同生命周期采取有针对性的营销手段，加大营销力度，使其在有限的时间内创造最大的热度和利润；最后，对于热度超高、受到玩家热捧的网络游戏，我们可以选择延长其产品周期，规划其产品线，引入续作。可以在游戏中设置更多的任务环节，使游戏的新鲜度不断提升。例如，网易公司推出的网络游戏《梦幻西游》，受到了玩家广泛的喜爱和欢迎，自从投入运行以来，游戏玩家的数量始终稳定增长。该游戏的动态场景、人物造型等并没有进行华丽的设计和改变，而是设置了各种各样不同的任务系统。玩家在形式多样、富于变化的游戏任务当中，能够获得不同的奖励，并且根据游戏故事的主线体验不同的西游故事。在不同的节日，游戏还会提供与节日相关的任务，玩家完成任务后还能够获得独特的装备或宠物。这样，玩家能够长期对游戏保持新鲜感，不会产生枯燥、乏味的感觉。此外，游戏难度适中，人物和宠物形象生动、可爱，能够吸引不同年龄段的玩家，因而取得了良好的市场效应。

3.发掘优秀民族传统文化，为网络游戏注入新元素

中国是一个统一的多民族国家，每个民族都拥有自己悠久的历史和醇厚的文化底蕴。中华民族传统文化已经深入国人的骨髓，与外来文化相比，其更能深入国人的心灵深处，引起国人的共鸣。因此，将这些优秀的文化融入国产原创网络游戏的内容中，不仅能赋予网络游戏文化性，提升网络游戏的文化感染力，还能提升国产原创网络游戏在国际网络游戏市场的竞争力。例如，《完美世界》游戏是以盘古开天地为引子，在中国上古神话传说的基础上营造出独特的历史空间，玩家可以扮演包括剑士、魔法师、弓箭手和神奇生物等各种不同的角色，也可以设计并定制自己的人物和角色的外观和特性。之后，完美世界公司推出《完美世界》的海外改良版，即《完美世界国际版》，在人物设定上更加多元化，有 5 个种族、10 个职业，不仅有中国传统文化的刺客、武侠，还加入了西方元素的法师、精灵等职业，具有东西方文化交融的特点。如剑灵、魅灵、羽芒、羽灵等，不仅有西方的魔幻色彩，还兼具中国传统仙灵的特点，让世界玩家都乐于接受这些新形象，同时不自觉中接受了一些中国形象的元素内容，对于中国文化有了进一步形象化的接触。因此，要想长时间占据目标玩家的心智，就要善打文化牌，对文化元素进行巧妙的融合和创新。

（二）完善产业链

网络游戏产业链是指在经济活动中，从事网络游戏产业的企业之间，根据前后工序的分工形成上中下游企业，企业之间以产品技术为联系，以资本为纽带，上下连接，前后联系形成的链。在结构上，网络游戏产业链既有因与网络游戏厂商间垂直供需的关系形成的垂直供需链，是网络游戏产业链的主要结构，又有因同一维度不同类型厂商横向协作的关系形成的链。在结构上，网络游戏产业链既有因与网络游戏厂商间垂直供需的关系形成的垂直供需链，是网络游戏产业链的主要结构，又有因同一维度不同类型厂商横向协作的关系形成的横向协作链，是产业的服务与配套。网络游戏产业的上游主要包括游戏开发商和软、硬件提供商，它们是网络游戏产业的物质基础；中游主要包括游戏运营商和电信运营商，是沟通上下游的桥梁；下游主要包括渠道商、最终用户等，这些构成了网络游戏产业链的主要环节。除此之外，由于网络游戏产业的延展性巨大，拥有大量的相关产业，在网络游戏产业链的主要环节之外还包括饰物及玩具生产商、图书报刊出版商、广告制作发行商、电影公司、会展公司等，这些都是网络游戏产业链的辅助环节。因此，必须制定系统、全面的产业政策，从而推动我国网络游戏产业向上游的开发环节延伸，促进网络游戏产业的纵向一体化发展。

（三）加大跨界融合力度

网络游戏产业属于数字出版产业的范畴，也属于创意产业的范畴，还属于互联网技术产业的范畴。跨界合作可以增进网络游戏产业与其他相关产业的融合，促使网络游戏产业更直接地吸收其他产业的精华，进一步充实网络游戏的内涵，增强产业竞争力，实现多产业互利共赢。网络游戏产业跨界融合，除可以培养网络游戏的潜在客户群体外，还能够储备为网络游戏的产业内容。网络游戏企业可加大与影视、动漫、文学等相关产业的合作，实现产业内容的多元化。优秀的影视、动漫、文学产品必定具备完整的世界观、引人入胜的剧情、性格各异的人物、优美的配乐等元素，这些元素正是网络游戏内容的关键要素。

（四）提升产业形象

一直以来，我国网络游戏产业的发展伴随着负面影响，受到国内舆论的批评，有的家长认为玩网络游戏是玩物丧志的表现。为了建立我国网络游戏产业的健康形象，网络游戏企业可以研发"绿色网游"。避免"低俗"内容的出现,引导网络游戏产业向健康娱乐的方向发展,扭转舆论对网络游戏产业形象的差评。网络游戏公司还可以研发"教育游戏",将经济效益和社会效益结合起来。"教育游戏"是指用户可以通过游戏的操作获取知识或者技能,进而起到教育作用。比如,针对目前我国网络游戏低龄化和老龄化的两个走向,可以分别研发能健康引导青少年儿童的网络游戏和娱乐身心的中老年人网络游戏。除此之外,网络游戏企业还可以通过公益营销的策略,树立企业正面形象,促使网络游戏产业扭转社会上的负面形象。

(五)强化网络营销

在网络游戏产品的市场营销当中,不能只通过广告宣传、价格优势等手段来吸引玩家,而是应当利用网络营销,进行多渠道、多手段的市场开发和游戏宣传,从而提高网络游戏的受欢迎程度。例如,《爸爸去哪儿》网络游戏就采用了多样化的网络营销模式。《爸爸去哪儿》是湖南卫视推出的父子亲情互动节目,原版模式购自韩国某电视台。《爸爸去哪儿》手机游戏是由湖南卫视同名节目官方唯一授权开发的一款跑酷类敏捷游戏。在游戏的故事情节和画面设计上充分体现了《爸爸去哪儿》的元素特色,玩家可以在游戏中扮演节目秀中的各位星爸萌娃,游戏开始有朗朗上口的同名主题曲做背景音乐,闯关任务设置与节目同步,极强的带入感和认知度让该游戏一经上线就拥有了大批粉丝,延续了节目的火爆。

1.搜索引擎营销

搜索引擎营销,是一种以通过增加搜索引擎结果页能见度的方式,来推销网站的网络营销模式。湖南卫视的合作伙伴——百度,是全球最大的中文搜索引擎,拥有超过千亿的中文网页数据库,在搜索引擎营销方面具有天然优势。此款手机游戏首发的3小时内,百度已经把握用户的热点信息,当用户在百度搜索条中搜索"爸爸去哪儿"时,同名的游戏均位列第一,以吸引用户注意。

2.论坛、视频营销

论坛营销就是"企业利用论坛这种网络交流的平台,通过文字、图片、视频等方式发布企业的产品和服务的信息,从而让目标客户更加深刻地了解企业的产品和服务,达到企业宣传企业的品牌、加深市场认知度的网络营销活动"。百度贴吧是百度公司开办的网上论坛,因其门槛低、操作简单、参与人数众多,在中国的影响力很大。百度贴吧将极其热门的游戏讨论帖及时置顶;视频部分,爱奇艺与PPS分别采用视频资源或游戏中心进行首要推荐；百度充分运用自己的资源，在众多游戏论坛策划系列游戏视频、漫画、活动，为首发造势，吸引受众的注意，扩大游戏的影响力。

3.话题营销

话题营销主要是运用媒体的力量以及消费者的口碑，让广告主推的产品或服务成为消费者谈论的话题，以达到营销的效果。话题营销除了可以对消费者购买行为起作用之外，在搜索引擎优化、增加网站流量、建立品牌认知度方面也有不小的作用。通过讨论，扩大品牌的影响力，提高受众的兴趣度。通过调查数据可以看出，《爸爸去哪儿》目前已经深入大众生活中。在这个基础上推出手机游戏，很好地利用了受众对品牌的黏性以及接受度。所以此次话题营销也是从侧面对《爸爸去哪儿》手机游戏做了铺垫。植入式营销。植入式营销又称植入式广告，将产品或品牌及其代表性的视觉符号甚至服务内容策略性融入电影、电视剧或电视节目各种内容之中，通过场景的再现，让观众在不知不觉中留下对产品及品牌的印象，继而达到营销产品的目的。在《爸爸去哪儿》一期节目中，萌娃"天天"好奇地在节目中提到一款游戏的名字也叫《爸爸去哪儿》。将《爸爸去哪儿》看作一种符号融入节目中，在无意中进行了信息的植入，让更多的受众自然而然地接收到信息，并且产生了想要尝试的欲望。

第六节 文化创意旅游产业

21 世纪以来，随着旅游业的不断发展以及人们整体生活水平的提高，传统以观光为主的旅游模式已经不能满足游客的需求，游客越来越倾向于具有文化性、体验性、创意性和娱乐性的旅游模式。将文化创意产业与旅游产业融合的文化创意旅游模式逐渐成为旅游业发展的新方向。

旅游与创意产业结合成为文化创意旅游产业，其发展前景得到了英国、世界旅游组织、欧盟旅行委员会等的重视。例如，许多旅游目的地用标志性建筑来彰显地方形象，如英国北部的盖茨黑德北方天使雕塑是当地标志性建筑物。有些城市经营某种文化主题来凸显自己，如纽约把自己定位为世界文化中心，英国将谢菲尔德打造成狂欢城市。国外文化创意旅游的发展包括几种主要的模式：重大标志性或旗舰项目、大型事件活动、主题化产品以及遗产的开发等。当前，英国、新加坡、东京、纽约等国家或城市均高度重视文化创意旅游产业的发展。

中国的文化创意旅游也出现了文化创意旅游产品、文化创意旅游接待设施、创意景观、文化创意旅游活动、文化创意旅游社区等基本模式。由于文化创意旅游产业的发展时间很短（从 20 世纪 90 年代算起），中国与发达国家的差距很小。以世界之窗、宋城、大唐芙蓉园、清明上河园等为代表的一批投入巨大的文化主题公园在全国范围内快速发展起来，而以"印象系列"为代表的旅游演出模式更是发展迅速，成为中国旅游业发展的一种特色模式。相比西方主题公园中常见的表演项目，中国的此类项目已有显著的创新和发展，并且开始向国外输出。这是中国旅游的一项进步，也是中国旅游进入文化创意旅游时代的重要标志。

一、文化创意旅游产业的含义和特性

（一）文化创意旅游产业的含义

文化创意旅游是一种与传统的自然山水观光旅游不同的旅游发展模式，它以文化为核心，以创意为手段，以技术为支撑，以市场为导向，创造多元化的旅游产品载体，形成产业联动效应，促进城市和区域经济的文化创意化转型。这种旅游发展模式具有从文化本位出发，以产品中的创意元素为基准，需要旅游者与旅游目的地共同协作的特征。基于此，可以将文化创意旅游模式理解为：摆脱过去旅游业主要依靠自然和人文历史等资源来开发旅游产品的境况，通过高科技手段，依托创意、文化等因素来开发一些新奇独特的旅游产品，能够解决资源限制的问题，为旅游资源缺乏的地域带来新的旅游发展契机，同时能促进与其融合的相关文化创意产业的发展，有助于整个地域旅游形象塑造一种新兴的旅游发展模式。

在表现形式上看，文化创意元素与旅游业内部六要素的结合是文化创意旅游产业的主要特征。但就其作用范围与影响层面来看，文化创意还涉及传统产业与旧城区改造、非物质文化遗产保护与开发、经营模式创新、文化品牌推广、资本运作等多个方面。文化旅游创意产业是一种新业态，随着社会的发展，它必定成为今后重点发展的朝阳产业。文化创意旅游产业指为了满足旅游者对精神方面的需求而策划设计的文化活动内容并形成旅游者可以体验参与的活动，以及为此而必备的制度安排和设施条件。创意主要是释放在文化活动的内容、形式和设施上。从旅游业角度看，重点是旅游文化产业的发展与谋划，包括原有产业的稳定发展和深度发展，以及新型创意产业的培育。旅游创意主要包括旅游产品创意（增加文化品位）、旅游活动创意（增加深度体验）、旅游商品创意（加强设计水平）和旅游服务创意（更加人性化）等方面。在旅游活动日趋个性化和多样化的今天，旅游者"求新、求奇、求特"，注重体验参与的特点日趋增强，在创意理念的引导之下，将智力因素和思想火花与原有资源完美结合，通过重组、整合原有的静态旅游要素并加以模型化和动态化来重新定位和推出，进一步增强原有产品、服务的体验性和吸引力，以适应不断更新的市场需求并彰显旅游的魅力。

（二）文化创意旅游产业特性

一是将旅游资源与文化创意有机结合在一起，促进旅游资源和文化创意的优势互补，使旅游业长足发展。在旅游物质资源与文化资源相互结合的基础上进行创意开发，进行创新现代艺术的改造。

二是以创造性的产品延伸文化旅游产业链。过去有一种说法是"白天看庙，晚上睡觉"。旅游文化创意产品丰富了娱乐的内容，解决了旅游过程中娱乐项目单一的问题。

三是将实景现场与高科技奇观相结合。充分利用了山水楼阁亭台等原有的物质实景，加上了高科技、声光电的改造，使观众能感受到一种视觉震撼。高科技给游客带来了视觉奇观上的感染力，也给游客带来了艺术上的精神享受。

四是文化旅游创意产品形态多样，归纳起来大致有四类：第一类是文化演出。借由文化创意产业来驱动的文化演出，对环境破坏最少，产生的效益辐射范围却最大，是旅游业与文化创意互动融合的良好经济模式。第二类是文化型主题公园。文化型主题公园注重文化展现，是以一种或数种文化内容为题材，通过设计制作逼真的景区，并加以观赏性、娱乐性、体验性极强的现场游乐项目，打造让游人身临其境、忘乎所以、尽情欢愉的旅游场所。第三类是历史文化街区。历史街区是宝贵的旅游资源，通过合理的开发和严格的管理，不仅可以处理好保护和开发的关系，还可以取得更好的经济、社会和环境等综合效益。而且随着大众文化素质的不断提高，人们越来越喜欢到古老的街区去体会丰富的文化内涵。第四类是文化节庆。节庆是独特的地域文化、城市文化和民俗风情最集中的表现。当节庆与现代旅游融合，便形成了新的经济和文化载体——旅游文化节庆。目前发展较典型的有哈尔滨冰灯节、青岛国际啤酒节等。

二、文化创意旅游产业发展动力机制

文化创意旅游产业发展的动力机制是指促进旅游业发展的动力，以及改善和维护动力机制的各种制度与经济关系的综合系统。文化创意旅游产业发展的动力机制主要由两部分构成：一是外部作用的动力机制；二是产业自身的动力机制。

（一）外部动力机制

文化创意旅游产业发展的外部动力机制主要是政府与市场。每一个良性循环的系统，都是政府与市场共同推动的结果。

传统的旅游业与文化创意相结合后，还是同一个景，还是同一个地方，只是增加了无数创意与智慧，从而提高了文化旅游创意产业的发展，增加了经济利益，在经济市场的推动下，各种资源主要是通过市场的渠道进行自由配置，市场机制起到很大的作用，但是市场机制并不完全有效，也可能存在失误的情况，此时政府机制就应对经济活动进行相应的干预。发展文化旅游可以促进经济的发展，提高旅游业从业人数，这与政府的目标相符，市场又取得了政府的支持。

（二）自身动力机制

文化创意旅游产业发展过程中，除了外部动力机制可以促进产业发展外，其本身也存在着动力与外部相协调，共同发展。本身的动力机制包含学习机制、竞争机制、创新机制等。

1.学习机制

在市场经济不断发展的前提下，社会越来越注重学习的重要性，学习是一种集体行为，可以在全国的范围内进行学习促进文化旅游创意产业的发展，组织人员进行观察、思考、总结，在发现自身不足与缺点的同时吸取别人成功的经验，进行研究与分析，形成自己独有的模式，促进旅游业的发展。文化旅游创意产业一旦构成学习机制，就会加快信息的深度与传播速度，提高行业的知识水平，促进旅游行业的发展。

2.竞争机制

竞争机制是市场中优胜劣汰的方法和手段，是市场机制的主要内容之一，也是市场经济价值规律作用的成果。各地的旅游产业都希望可以最大限度地吸引游客，成为旅游行业的老大，因此就出现了旅游行业之间的竞争。在竞争中不仅促进了旅游业的发展，也增进了各地旅游业间的相互合作与学习，旅游产业不是通过降低自身成本来竞争的，而是通过时尚、个性、创意赢得市场，凸显文化内涵，以文化创意的优势获得一定的利润。

3.创新机制

产业想要发展，就需要创新，没有创新，就不会进步，甚至会被逐渐发展的旅游行业淘汰。文化旅游产业的创新机制主要是指集体方式的创新，是借助专业的合作与分工，通过产业链产生的创新效应，得到创新优势的新形势。利用创新机制可以促进文化的发展，弥补资源的不足，促进旅游业的发展。

三、文化旅游创意产业发展的对策

（一）加强旅游产品的开发，树立品牌形象

旅游产品是旅游经济活动的主要载体，也是旅游产业价值链上的核心价值要素。用创意创造旅游文化产品，要选准切入点，突出产品的层次性。然后，要提炼出主题，使产品与相关因素组合成共同的基调，而主题越突出越鲜明，就越有利于产品创意的多层次发挥和满足旅游者的需求。

在体验经济的时代，扩大客源市场必须把重心放在消费者身上，创意体验式营销，满足消费者的一切需求，着力塑造旅游品牌形象。

1.强化原有文化创意旅游资源的挖掘

可以从历史的、民族的、民间的、全球的各种文化奇观中，发掘具有深厚文化内涵与底蕴的文化创意旅游资源。

一是根据现代需求重新诠释本民族经典作品内容的文化创意旅游产品。具体可以通过不同的方式再现优秀的文化创意旅游作品，如以电影、音乐、多媒体、戏剧、网络等传统和现代的多种形式和渠道，再现传统历史文化创意旅游精品的内容。如巴黎的《红磨坊》歌舞剧广受游客推崇，《红磨坊》主要以康康舞为基调。康康舞源于法国，原是洗衣妇、女裁缝等劳动妇女载歌载舞的一种娱乐形式。19世纪30年代，康康舞开始在蒙马特尔地区的各种舞会上流行，19世纪50年代又进军歌舞厅。康康舞以"掀裙踢腿"为最主要特征，热烈奔放。可以说《红磨坊》使康康舞这种传统的舞蹈流行至今。

二是可以开发全球市场中的地方资源。在经济全球化的今天，文化创意旅游市场上

的大量产品出现了主题、内容、风格的趋同性，导致全球化进程中世界性文化创意旅游命题的审美标准逐渐趋于同一性。发达国家创意产业的跨国公司，比较早地认识到了既要重视全球化的普遍文化创意旅游倾向，又要开发各种民族文化创意旅游的独特资源。纵观国际上文化创意旅游产业的强国，即美国、日本、韩国、法国、英国等国，都有着向异域扩张的强烈冲动。例如，美国是一个典型的人文历史短浅、文化创意旅游资源不算富足的国家，却是当今世界上首屈一指的文化创意旅游产业大国。美国纽约曼哈顿的百老汇是最吸引世界各地人们的一个旅游地，百老汇诞生了很多经典的音乐剧，如《歌剧魅影》从 1986 年首演至今，是舞台上的一棵常青树。而其歌剧是根据法国作家加斯东·勒鲁的同名小说改编的。百老汇红极一时的音乐剧《阿依达》灵感则来源于中国"牛郎织女"的故事。

近年来，我国很多地区也因地制宜，开发地方资源，突出地域特色，加大相关旅游产品的研发力度，丰富旅游产品的形式，打造旅游品牌。如江西省历史文化底蕴深厚，物产丰富，地域特色鲜明，因此，创意旅游产品的开发可以根植于深厚的地域文化中，挖掘文化内涵，突出地域特色，不断进行创新。江西省将婺源歙砚、徽墨、文港毛笔、铅山连史纸等制造企业集合，打造全国首个"文房四宝"产业基地，这个产业基地集生产、参观鉴赏、购物于一体，不仅可以量身定制旅游项目、吸引游客参观游览，还可以提供丰富而彰显江西人文特色的旅游产品。除了发展开发具有创新性的旅游纪念品以外，大力发展歌舞剧、民间表演等市场需求量大、深受群众喜爱的文化艺术表演也有着重要意义。西安打造的"长恨歌""大唐芙蓉园"等系列文化产业项目也正是因为能很好地将历史文化、地方特色和现代声光电进行结合而大受欢迎。扬州根据自身的历史文化特色，重点发展三个文化旅游品牌：烟花三月、盐商园林、休闲名城。第一，做强"烟花三月"品牌。许多人对扬州的印象仅仅来自李白的一句诗——烟花三月下扬州。"烟花三月"是扬州最有力的形象品牌，而且美誉度极高。第二，打好盐商品牌。扬州园林素负盛名，但历史变迁，扬州园林现在难与苏州园林比肩，对此，扬州园林突出与苏州园林的差异，而盐商文化，正是一个重要的突破口，是将扬州园林打响的亮点和卖点。第三，做好休闲名城品牌。扬州休闲文化丰富且知名度较高，把休闲作为一个文化旅游品牌来经营，有较好的文化基础，在现代普遍压力偏大的社会也有良好的市场前景。

又如美丽的浙江乌镇，更是在多年的开发和保护旅游资源之后形成了一套特有的"乌镇模式"，乌镇的创意者们提出了"修旧如旧，整旧如故"的理念，从"面、块、点"三个方面对乌镇镇区、保护区、重点建筑进行不同功能的科学规划。读过茅盾田野三部曲《春蚕》《秋收》《残冬》的人都知道，它的原型和素材就在乌镇。茅盾的童年、少年时代都是在浙江乌镇度过的，青年时期也在这里居住。他所描写的人物原型可以在这里找到，他所提到的乌篷船还在小河上缓缓划过。如今的乌镇依旧保留着江南村庄的建筑风格，尤其是西栅的老街。而在东栅的观前街有一家为"林家铺子"的商店，吸引着游客进去看看那位谨小慎微的林掌柜是否还在做着买卖。茅盾的作品汇总着乌镇的方言、乌镇的气息、乌镇的影子，而如今乌镇的开发者们也将他们引以为豪的文化底蕴加以提炼和保护，将茅盾先生笔下的乌镇再现，寻觅到了乌镇旅游与众不同的亮点。

2.提升游客的体验价值

要深入挖掘文化旅游产品的内涵，提升游客的体验价值，加快旅游产品由观光向复合型、体验型转化。在深度开发文化观光产品的基础上，要大力发展商务会展、都市体验、休闲度假，主题节事、体育运动等新兴旅游产品，不断提升游客的体验值。在这方面，国外的诸多葡萄酒庄园有非常成熟的产品开发经验。例如，位于美国加利福尼亚州旧金山以北的加州纳帕谷是美国最悠久也是旅游活动最丰富的葡萄酒旅游区。为吸引游客，纳帕谷提供超越品尝葡萄酒的旅游体验。它除了传统的品葡萄酒、品美食和体验当地特有的景观与人文氛围之外，还开发延伸出一系列的旅游休闲探险活动。比如游客可以参观当地特色建筑和保护区多达 2200 件的艺术收藏品；旺季时可以与酿酒师一起酿酒踩葡萄，吃当地名厨烹饪的美食大餐，参加当地举办的美食音乐节等庆典活动，在高尔夫球场打球，还可以在旅游区享受温泉度假做泥巴浴、按摩。旅游区内还有景观火车、豪华轿车、飞机等多种交通工具参观酒乡，有游艇在纳帕河观光，有七家热气球公司提供热气球空中之旅。此外，游客还可以通过徒步、自行车、竹筏参观野生动物保护区。围绕着葡萄酒开发出的文化活动更是花样繁多，游客在购买当地的葡萄酒时还可以接收到历史悠久的纳帕谷葡萄酒培训。哪怕是一个人也能参加旅游区开展的葡萄酒和烹饪艺术中心的研讨会、讲座，通过参加葡萄酒展览了解葡萄酒酿造的历史和艺术，这些活动极大地提升了葡萄酒的文化内涵，促进了美国葡萄酒文化在全世界范围内的传播。

对大多数旅游者来说，旅游是一种消遣性的活动，以愉悦身心为目的，文化创意旅游当然也不例外。提升游客的体验价值，要采用多种途径来充分体现文化旅游的愉悦性，为此要强调三点：一是观赏性，即所设计生产出来的文化旅游产品具有极高的观赏价值，旅游者可以通过观赏来实现其充足的愉悦性。尤其是一些很难发展成参与性的文化旅游项目，更要围绕其观赏价值进行开发。二是独创性，即所设计开发的文化旅游产品富有自己独特的创意，能令旅游者大觉意外、大感刺激、耳目一新，从而实现其震撼般的愉悦效果。一言以蔽之，结合本地区的地方优势，因地制宜地去"独创"。只有"独创"才有生命力，只有"独创"才可获得成功，也唯有"独创"才最为可贵。三是参与性，即所设计开发的文化旅游产品能使旅游者全部或部分亲身参与进去，以获得最大愉悦为目的。人的参与意识是与生俱来的，它不仅受好奇心的驱使，而且受心理补偿、心理满足、自我表现、自我实现等高层次心理需求的驱动。所以，在进行文化旅游的创意开发时也要将其作为一个开发方向。

3.挖掘文化创意旅游消费需求

文化创意旅游资源一般能够与现代消费观相契合，如动漫及其衍生品等，通过影响人们的观念或培养人们的偏好，实现文化创意旅游产品的增值。哈利·波特现象正是一个典型例子。《哈利·波特》小说的作者从一名接受救济的贫困者一跃成为可与英国女王相匹敌的女富翁，获得经营权的美国时代华纳公司从中赚取了上百亿美元。《哈利·波特》的成功关键在于文化创意内容与现代营销和现代科技相结合，并进行产业化运作，衍生出多种系列产品，彼此间形成产业链，满足了不同层次消费者的需求。英国一项调查结果显示，那些在影片中出现过或是畅销小说里描绘过的地点，一般成了旅游者的"新宠"。由于"外景地爱好者"纷至沓来，这些地方的游客人数猛增了30%。此外，美国还建立了和迪士尼相媲美的哈利·波特主题公园。

随着人们生活水平的提高及旅游经济的不断发展，旅游消费逐渐向更高层次发展，从而对旅游产品的生产和供给提出更高的要求，因此，适时、适量地开发和组合适应新需求的旅游产品，能够满足日新月异的旅游消费市场，并促进旅游经济产业的持续运行。为此，一是要引导文化创意旅游消费。政府、文化创意企业和旅游企业应该扮演好各自的宣传角色，通过新闻、报纸、广播、杂志、互联网、户外广告等多种宣传媒介提高大众对文化创意旅游产品的认知力，还要通过向大众免费开放博物馆、美术馆、科技园、文化创意产业园等方式来培养对文化和创意的了解和兴趣，加快对文化创意产业的认同，进而引导大众的旅游需求，促进对文化创意旅游产品的消费。二是要开发满足大众需求的文化创意旅游产品。文化创意旅游产品的消费需求是文化创意旅游产业发展的重要前提。因此，旅游企业和文化创意企业可以合作，通过调研来了解大众的旅游需求趋向，也可以开展全民创意旅游产品设计或者评选大众心目中的创意旅游项目等各种活动。结合不同消费群体，分层次结合可行性研究，有针对性地开发出适合不同消费群体的文化创意旅游产品。

4.促进旅游纪念品的研发

丰富创新旅游商品针对我国旅游纪念品设计缺乏创新的问题，政府可采取设立专项资金，启动旅游商品设计大赛，设计出有特色、档次高的旅游纪念品，增加其对国内外游客的吸引力。此外，也可以在文化创意产业聚集区成立旅游商品研发推广展示中心，培育旅游商品创意市场，形成新的产业发展群落，发展成具备设计、研发、展示、投资、孵化、培训、交易等功能的旅游商品研发产业基地。

创意旅游纪念品开发设计的核心是体现"创意"二字，"创意"的展示体现在无形内涵（文化创意内容）和实物形态展示（硬件载体）两方面。如欧莉等撰文，建议三星堆博物馆应开发别具特色的创意系列旅游纪念品。一是创意家居用品。实用性较强的创意家居用品不仅可以增添生活乐趣，还能在生活中起到实际作用，提升纪念品的附加价值。三星堆文物十分精美，如喇叭座顶尊跪坐人像、铜花果等，可将其开发为家用创意香炉，既保持了三星堆的文化特色，又带给游客实用价值。二是创意环保办公产品。低碳环保产品已经是一种消费潮流，利用可回收的环保材料制作纪念品，如废旧的瓦楞纸回收再造后又能够成为较好的纸质材料，其硬度适中，便于加工制作。考虑到造型加工的难易度与方便游客携带且能够作为日常生活办公常用物品的结合点，可结合三星堆文化开发设计三星堆文化特色的回收纸质U盘等，将U盘的外形取自三星堆未破解的文字形状，神秘且趣味十足。三是创意儿童益智玩具。三星堆有相当一部分游客为学生和家长，所以把部分旅游纪念品打造成儿童益智玩具会有很大的市场潜力。益智玩具不仅可以锻炼孩子的动手能力，还可让孩子了解三星堆文化，具有积极的教育意义。如可以将三星堆博物馆外观、著名文物等做成立体拼图。此系列产品很好地结合了趣味性和博物馆自身文化性的开发理念。四是创意饰品系列产品。三星堆特色图案十分精美，物质生活和服饰文化丰富多彩。三星堆古代先民的服饰多种多样，可用于开发设计发箍、手镯、戒指等饰品，也可做出美甲的甲样，让游客选择图案，现场美甲，同时可提供美甲贴纸，可以多次使用，方便又环保。这样独具新意的旅游纪念品让游客耳目一新的同时可以增强游客体验度，让他们"带走"三星堆的深厚历史文化。依托三星堆博物馆的资源优势，对其典型藏品元素进行挖掘和深加工，产生对设计有直接指导意义的创意元素，并从中甄选具有市场潜力的创意元素，将这些创意元素与非常具体的产品设计有机结合，将三星堆厚重的历史文化背景与具有创新性的旅游纪念品巧妙融合，一定会扩大旅游纪念品的实用性和美观性，创意出更加多样的旅游创意产品。

（二）加强文化创意旅游产业传播，提高知名度

文化创意旅游产业具有强大的文化传播力，给不同语境、不同区域的旅游者留下了深刻的文化意象。文化创意旅游产业传播具有三个特点。

一是传播的跨民族文化性。跨文化传播是指两个不同文化背景的群体之间的信息传递与交流活动。文化旅游创意产业以民族文化、地域文化为依托，是跨民族文化传播的重要渠道。外来旅游者通过参观文化旅游景区、体验民风民俗、消费民族旅游商品等形式，品味民族文化，实现不同群体的文化交流。同时，这种传播属于有目的、有组织的传播，可以形成强大的扩散力和影响力。

二是以内容传播为主要形式。文化旅游创意产业多表现为文化景区、旅游会展、旅游演艺、文化创意产业园、文化旅游商品等形态。这一形态决定了媒体宣传并非最佳的传播方式，自身的全面展示和与受众的交流对其传播意义更大。在文化旅游创意产业中，对传播影响较大的因素有两个，一是文化旅游空间（场所或舞台），二是文化旅游的创意内容。因此，景观、商品、游览项目等创意性旅游产品成为文化旅游创意产业的主要传播形式，即内容传播形式。

三是通过集聚形成区域传播。无论是文化旅游区还是文化产业园，都是充分利用当地的文化资源形成集聚效应，集中展示区域文化魅力，凸显文化旅游创意产业的合力，从而提升文化旅游创意产业的对外传播效果。例如，成吉思汗陵旅游区就是将成吉思汗历史文化、祭祀文化、军事文化、政治文化等文化资源集聚于一个区域，利用强大的积聚力量不断吸引外界的注意力，从而形成品牌效应。

我国旅游文化资源非常丰富，当前，网络传播给我国文化创意旅游产业传播带来了巨大的挑战和机遇。网络传播趋势下文化创意旅游产业应采取如下传播策略：

1.充分发挥网络传播优势，加强旅游文化产业网络传播研究

现代社会信息传播技术发展迅速，网络资源共享趋于常态化，旅游文化信息网络传播具有跨区域性、跨行业性、多向互动、传播范围广等特点，可以在很大程度上对外推广宣传当地的旅游文化，促进当地旅游产业的发展壮大。因此，各地旅游企业必须仔细研究民众的消费习惯、消费心理、旅游文化的偏好等，深入挖掘网络传播的潜在能力，充分发挥网络传播优势，不断深化旅游文化产业网络传播研究，争取在降低经济成本的基础上获得最大的旅游产业效益，促进当地旅游文化产业的持续、稳定和快速发展。

2.整合网络信息资源，打造旅游文化产业的品牌网站

传统媒体传播内容兼容性较差，传播方式单一，传播速度不够快捷，传播覆盖范围较小。与传统媒介相比，作为新兴媒体的网络信息传播手段具有十分明显的优势。首先，网络传播的旅游文化内容丰富多样并且个性鲜明，带有浓郁地方特色和地域风情，易于吸引外地游客。其次，网络传播平台的实效性可以适应现代社会人们的生活节奏和旅游需求，通过对旅游文化信息资源的有效整合来推动地区旅游业的发展升级。最后，网络传播方式的多样性便于当地旅游业的对外传播，如通过微博、论坛等手段以及某些大型网站的宣传和推广来拓宽旅游文化信息传播的广度。

3.强化网络互动传播，构建旅游文化产业的网络营销模式

在当今的网络化时代，旅游文化产业也进入网络营销推广的时代，因此，需要对所有旅游文化资源进行科学的分类，根据不同的景观特点、饮食特点、地域特色等划分为不同的旅游文化特色，以特色吸引消费，以特色拉动营销，构建全新、互动的网络营销模式。另外，在实际网络营销过程中，还需要强化网络互动传播，如综合运用旅游网站、论坛、留言板、讨论区等为旅游爱好者提供旅游文化资源的互动交流，以及开通微信、微博等互动资讯平台，及时发布有关旅游文化资源的热点话题与活动信息，有效激发民众对旅游的兴趣，引导民众参与旅游文化体验，真正感受旅游文化的魅力。

（三）创新营销方式，让文化创意旅游走出去

在开发符合游客需求的旅游产品的基础上，创新营销方式，抢占旅游市场，才能赢得先机，推动文化旅游创意产业的效益提升和快速发展。

1.转变营销观念，推行整体营销

整体营销强调的是营销活动不要局限于部分行为对象，强调营销活动要拓宽空间视野。现代旅游市场的竞争已由传统的旅游产品竞争演变为旅游品牌整体营销的竞争，旅游产业是食、住、行、游、购、娱六要素的有机联合体。整体营销即推销"一站式"服务、"一站式"体验。不能仅仅把注意力放在旅游产品上，还要关注游客及其需求，完善旅游基础设施建设和配套服务，让游客来到此地即可享受到食、住、行、游、购、娱的"一站式"服务和体验。这种营销方式不仅方便了游客，满足了游客需求，争取到更多时间让游客感受、领悟旅游地的精神内涵，也可为旅游目的地赢得良好的口碑，从而促进品牌建设，带动其他行业发展，为区域经济发展做出巨大贡献。

2.延长文化旅游产业链，打造文化旅游产业集群

建立文化旅游产业集群是实现文化旅游融合发展的必然要求，旅游产业是六要素俱全的产业体系，要取得持久发展，就要延长产业链，打造产业集群，形成规模效应。比如景德镇打造了陶瓷文化旅游产业集群。在吃方面，他们以陶瓷为主题打造一条景德镇特色小吃街，既保留景德镇传统小吃的风味，又融入陶瓷历史文化。在娱乐方面，他们接力全国各地实景演艺演出的热潮，依托御窑厂的实景，以演艺演出为形式，引入现代科技，创作大型反映陶瓷历史传说、行业行规的实景演艺剧目，开展陶瓷文化实景演艺旅游，共筑陶瓷文化旅游品牌。这些都带动了景德镇餐饮、酒店、交通、影视制作、旅游特色纪念品制造等相关产业的发展，延长了旅游产业链条。除此之外，要实现"文化+旅游"的双驱动，还需要将文化旅游产业链向金融业、IT 业、手工制作业等领域发展，更好地实现产业化。如与数字移动电视合作，授权播放景区中的文化表演等；与手工制作业合作，开发更多富有文化内涵的陶瓷周边产品。

3.实施文化创意旅游的连锁经营

文化创意旅游发展到一定阶段，一些相对成熟的文化创意型旅游区和旅游企业开始迈向连锁经营的拓展之路。由于传统景区的自然资源的不可移动性和难复制性，而其文化资源则往往附着于自然资源与既定地理空间，因而难以突破地域和实体资源的限制而实施连锁经营。但是，以文化创意为核心要素，依靠资本、技术和市场组织而发展起来的主题公园和文化主题酒店，则适合进行全国布点，将其成熟的经营管理模式进行连锁推广，从而获取更大的市场份额和利润。在中国，华侨城是文化创意旅游连锁经营的先驱和领跑者。从 1989 年开业的锦绣中华开中国大型主题公园之先河以来，华侨城已经发展为一家将主题公园规划设计、投资建设、经营管理集于一身的大型企业集团。20年来，华侨城在中国探索出三种主题公园开发形态：一是缩微景观主题公园，如锦绣中华、世界之窗等；二是以欢乐谷为代表的参与性游乐园；三是生态休闲度假主体旅游区。从投资布局来看，华侨城已经初步完成在全国的区域战略布局，其中欢乐谷是其全国拓展的主题公园连锁品牌，深圳、北京、成都和上海的第一个环已经完成。在华侨城的下一步战略中，将把连锁的环线扩展到更多中心城市。欢乐谷的核心特征是：融现代器械娱乐与各种主题文化于一体，为游客提供动感、时尚、激情的休闲娱乐体验。

参 考 文 献

[1]张紫馨.博物馆文创实践：首博文创开发与思考[J].首都博物馆论丛，2013：144-152.

[2]吴翔.产品系统设计：产品设计(2)[M].北京：中国轻工业出版社，2000.

[3]财政部教科文司.深入贯彻科学发展观 开创财政教科文工作新局面[M].北京：中国财政经济出版社.2006.

[4]倪镔.智设计·活文化：设计战略构建民族文化创意产业新型模式[M].北京：清华大学出版社，2015.

[5]国家文物局博物馆与社会文物司.新形势下博物馆工作实践与思考[M].北京：文物出版社，2010.

[6]张尧.基于博物馆资源的文化创意产品开发设计研究[D].苏州：苏州大学，2015.

[7]许彬欣.台湾文化创意产品发展思辨[D].北京：北京理工大学，2005.

[8]马琳.博物馆艺术衍生品开发研究[D].南京：南京艺术学院，2013.

[9]韩爱霞.我国博物馆旅游创新开发模式研究[D].济南：山东师范大学，2009.

[10]江天若.博物馆文创产品开发研究——以台北故宫博物院和苏州博物馆为例[D].陕西：陕西科技大学，2016.

[11]高璐瑜.浅析品牌价值升与降：品牌设计中的艺术性[D].北京：中央美术学院，2014.

[12]阴鑫.中国博物馆文化创意产品开发研究——以北京故宫博物院为例[D].开封：河南大学，2016.

[13]包富华，王志艳，程学宁.旅游纪念品消费特征及其满意度分析——以山东省

泰安市为例[J].河南科学，2017，35（3）：494-500.

[14]杨咏，王子朝.浅析非遗博物馆文创产品的开发策略[J].艺术与设计(理论)，2018（3）：93-95.

[15]周坤，刘勇.浅谈博物馆文化创意产品开发设计发展思路[J].教育观察，2017，6（7）：143-144.

[16]陈康.浅谈自然科学类博物馆文化创意产品开发策略[J].自然科学博物馆研究，2017（A1）：125-130.

[17]邱玲菁，朱丽梅，颜丹.博物馆文化创意产业的发展现状和对策——以江西省博物馆为例[J].遗产与保护研究，2018，3(10)：108-112.

[18]单士鹍.博物馆与文化创意产业——以淮安市博物馆为例，浅析博物馆文化创意产业现状[J].艺术科技，2013(4)：61.

[19]蔺晓，王敏.博物馆与文化创意产业开发——以新疆维吾尔自治区博物馆衍生品开发为例[J].新疆艺术(汉文)，2018(5)：110-114.

[20]郝畅.博物馆文化创意产业的现状分析[J].北京印刷学院学报，2018，26（1）：125-128.

[21]张春.新媒介环境下的博物馆文创研究——以台北故宫博物院为例[D].兰州：兰州大学，2016.

[22]穆筱蝶."互联网+"背景下博物馆文创开发策略研究——以北京故宫博物院为例[J].新闻研究导刊，2017，8(21)：251-252.

[23]黄美.博物馆文创产品的开发与创新设计研究[J].艺术科技，2017，30(9)：49.

[24]葛偲毅.国外博物馆文化产品开发与营销对我国的启示[D].上海：复旦大学，2012.

[25]张尧.基于博物馆资源的文化创意产品开发设计研究[D].苏州：苏州大学，2015.